Hermann Scheipers

Gratwanderungen

Hermann Scheipers

Gratwanderungen

Priester unter zwei Diktaturen

„Wenn die Welt euch haßt, dann wißt, daß sie mich schon vor euch gehaßt hat. Wenn ihr von der Welt stammen würdet, würde die Welt Euch als ihr Eigentum lieben. Aber weil ihr nicht aus der Welt stammt, sondern weil ich euch aus der Welt erwählt habe, darum haßt euch die Welt." (Joh 15,18f)

Die Deutsche Bibliothek – CIP-Einheitsaufnahme

Scheipers, Hermann:
Gratwanderungen : Priester unter zwei Diktaturen /
Hermann Scheipers. – Leipzig : Benno-Verl., 1997
ISBN 3-7462-1221-9

Der Verlag dankt dem Domkapitel St. Petri des Bistums Dresden-Meißen, dem Bistum Münster sowie der Kirchgemeinde St. Lamberti Ochtrup für die freundlich gewährte Unterstützung.

ISBN 3-7462-1221-9

© St. Benno Buch- und Zeitschriftenverlagsgesellschaft mbH
Leipzig 1997
Satz: Kontext – Satz & Layout, Lemsel
Herstellung: Tiskárny Vimperk

INHALT

5

Geleitwort

Am 1. August 1997 ist Domkapitular Hermann Scheipers 60 Jahre Priester des Bistums Dresden-Meißen.

Als sich der junge Westfale aus Ochtrup zu priesterlichen Diensten für das Bistum Meißen bereit fand, konnte er nicht ahnen, welch harter Kreuzweg sich mit dieser Entscheidung verbinden würde. Verfolgung durch die Nazis und Bedrängnisse durch die Kommunisten haben den Weg dieses unsentimentalen Priesters besonders gekennzeichnet. Nur knapp entging er dem Tod im KZ. In der sozialistischen Ära beunruhigte seine Furchtlosigkeit das Regime. Das Ende dieser beiden Gewaltherrschaften konnte er miterleben.

Oft in seinem Leben hat er die starke Führung Gottes gespürt und wurde selbst einer, der im Dienst an den Gemeinden andere mit sicherer Hand zu Gott geleitete.

Wir sind diesem unserem unerschrockenen priesterlichen Mitbruder dankbar für das Zeugnis eines von Freude erfüllten Glaubens. Ja, Pfarrer Scheipers hat auch in härtesten Zeiten das Lachen nicht verlernt, denn er war sich sicher: Alle Macht vergeht, nur Gott bleibt.

Dresden, im Januar 1997

+ *Joachim Reinelt*

Bischof von Dresden-Meißen

Vorwort

Es war am Morgen der Seligsprechung Karl Leisners. In unserem Berliner Quartier saßen wir beim Frühstück. Wir – das waren Frauen und Männer aus dem Bistum Münster zusammen mit Pfarrer Hermann Scheipers.

Unser Gespräch kreiste um die Feier mit Papst Johannes Paul II. im Olympiastadion, die in drei Stunden beginnen sollte. Wir sprachen auch über die gewaltigen Veränderungen, die sich in unserem Jahrhundert ereignet haben und die auf jeweils andere Weise christliches Zeugnis herausfordern. „Aber das Bekenntnis der Christen ist zu allen Zeiten notwendig", meinte jemand, „da ist immer der Einzelne gefordert, auch in Stellvertretung für andere."

Mir ging durch den Sinn, daß die Vorsehung Gottes im Hinblick auf Karl Leisner und Hermann Scheipers auch einen anderen Weg hätte wählen können. Der hätte dann so aussehen können, daß wir jetzt an unserem Frühstückstisch zusammen mit Karl Leisner säßen und danach zur Seligsprechung von Hermann Scheipers führen. Als ich den Gedanken aussprach, trat eine nachdenkliche Stille ein. Einige Tage später sagte mir einer aus dieser Frühstücksrunde, seit jenem Tag in Berlin sei ihm klar, wie sehr das christliche Zeugnis der Lebenden und der Toten zusammen gehören und wie das auch eine Herausforderung an ihn selber sei.

Wir danken Pfarrer Hermann Scheipers, daß er uns in so überzeugender und menschenfreundlicher Weise zum Zeugnis ermutigt.

Dr. Werner Thissen, Münster
Generalvikar

Einleitung

Auf meiner Karteikarte im KZ-Dachau war ich als „Staatsfeind" eingestuft. Das konnte, vor allem gegen Ende des Krieges, gefährliche Folgen haben. So manche „Staatsfeinde", wie z. B. Dietrich Bonhoeffer, sind noch kurz vor der Befreiung liquidiert worden.

Oft habe ich mich gefragt, wie es zu dieser Beurteilung kommen konnte. Ich war doch nur ein Priester, hatte mich nie politisch betätigt, habe nie einer Partei angehört. Wie kann eine rein seelsorgliche Tätigkeit staatsfeindlichen Charakter haben?

Offenbar hat der NS-Staat von seinen Bürgern mehr verlangt als die Erfüllung staatsbürgerlicher Pflichten. Denn der Nationalsozialismus war nicht bloß eine politische Partei, sondern eine Weltanschauung, für die das deutsche Volk und die germanische Rasse den höchsten Wert bedeutete. Als totalitäres System, das keinen Gott als Richter über den Menschen anerkannte, wollte dieser Staat den Menschen ganz, die innere Zustimmung zu seiner Weltanschauung, und benutzte alle seine Machtmittel, um durch Lüge und Gewalt die Menschen irrezuleiten. Man verlangte den Kniefall vor diesem Götzen „Staat" und stieß dabei auf den Widerstand der gläubigen Christen, für die das Wort in Mt 4,10 gilt: „Vor dem Herrn, deinem Gott, sollst du dich niederwerfen und ihm allein dienen."

Wie der Nationalsozialismus forderte auch die kommunistische DDR-Diktatur diesen Kniefall: „Die Partei hat immer recht."

In den 40 Jahren ihres Bestehens gelang es der SED, einen Großteil der Bevölkerung, die schon in den Jahrzehnten vorher ihren Glauben kaum noch praktizierte, durch staatlichen Druck zum Abfall vom christlichen Glauben und zum Glauben an den Marxismus-Leninismus zu führen. Da ist es kein Wunder, daß die aufrechten Christen schwere Nachteile wegen ihres Glaubens zu erdulden hatten und daß die Stasi der DDR mir von 1970 bis 1974 durch den Einsatz von 15 Spitzeln einen Prozeß wegen staatsfeindlicher Hetze (§ 106 StGB) anzuhängen versuchte. Grundlage für alle Anschuldigungen war, wie in der NS-Zeit, nur eine seelsorgliche Tätigkeit, durch die ich mit diesem antichristlichen System in Kollision geriet.

Kindheit – Priesterberufung – Studentenzeit
Aufstieg des NS – Widerstand der Christen

1. August 1937 – Priesterweihe durch Bischof Petrus Legge im Dom zu Bautzen. Meine Eltern, Geschwister, Freunde, vor allem auch mein Onkel, der geistliche Studienrat Hermann Kuhlmann, der mir priesterliches Vorbild war, sind von Westfalen in das unbekannte Bistum Meißen gereist und empfangen von mir und den übrigen sechs Weihekandidaten den Primizsegen. Ich bin überglücklich und strahle den ganzen Tag die Freude über dieses Gnadengeschenk Gottes aus. Denn der Weg zu diesem Ziel war nicht selbstverständlich und leicht.

Am 1. August gab es nach dem damaligen Kalender das Fest „Petri Kettenfeier" zur Erinnerung an die wunderbare Befreiung des Apostels Petrus aus dem Gefängnis des Königs Herodes (Apg 12). Diesen Termin hatte Bischof Legge wohl bewußt gewählt. Denn es war die erste Priesterweihe nach seiner Diffamierung in Presse und Rundfunk und seiner fast einjährigen Gefängnishaft als Angeklagter im Devisen-Schauprozeß 1936. Unsere vorbereitenden Weihen hatte daher Bischof Preysing von Berlin spenden müssen.

Dieser Termin sollte aber auch für mich eine Vorbedeutung haben, die ich damals noch nicht ahnen konnte.

„Ihr Beruf hat doch in der heutigen Zeit keine Zukunft mehr", sagte mir der SS-Mann von der Gestapo Leipzig drei Jahre später. Diesen Eindruck mußte ich bereits 1932 nach meinem Abitur bekommen, denn damals begann der unaufhaltsame Aufstieg Hitlers und zugleich der

Primiz in Ochtrup

Kampf gegen Christentum und Kirche, der im zweiten Weltkrieg seinen Höhepunkt erreichte. Trotzdem entschloß ich mich, als Priester dem Reich Gottes zu dienen, und wollte ursprünglich, angeregt durch meine Jugendlektüre, in die Mission, spürte aber keine Neigung zum Ordensberuf, der damals die Voraussetzung für einen Einsatz in der Mission war. Während meines Studiums in Münster wurde ich nun durch den Bruder des Bischofs, den Generalsekretär des Bonifatiusvereins, Dr. Theodor Legge, für das Bistum Meißen „angeworben". Ich war begeistert für die künftige Arbeit in der Diaspora, zumal damals die Bistümer Münster, Köln und Paderborn so reichlich mit Priestern versorgt waren, daß die Bischöfe buchstäblich nicht wußten, wo sie ihre zahlreichen Priester einsetzen sollten. Dies war die Frucht des aufblühenden katholischen Glaubenslebens nach dem ersten Weltkrieg und der damit verbundenen katholischen Jugendbewegung, die auch mich im Bund Neudeutschland stark geprägt hat.

Den Keim zu meinem Priesterberuf haben aber wohl meine Eltern gelegt. 1913 geboren, wuchs ich mit 4 Geschwistern in einer armen, aber tief gläubigen Familie auf. Mein Vater, Postbeamter, kam als Soldat im ersten Weltkrieg nach einer Verwundung heim. Als Vierjähriger habe ich das erste Mal in meinem Leben stark gehungert und kam 1918 total unterernährt in die Volksschule, lernte dort noch das Kinderlied: „Der Kaiser ist ein lieber Mann, er wohnet in Berlin ...", bis ich kurz darauf die geschlagene Armee heimkehren sah. Soldaten hausten in einer Halle gegenüber unserer Wohnung. Durch diese erste Hungerzeit wurde mein Körper wohl für die zweite Hungerperiode im KZ vortrainiert. Die dritte Hungerzeit erlebte ich dann nach meiner Rückkehr ins Bistum Meißen im Frühjahr 1946.

Aus meiner Kinderzeit ist mir heute noch in deutlicher Erinnerung, wie die Feier des Kirchenjahres in der Pfarrgemeinde meine Phantasie beschäftigte und zur Nachahmung anregte. So zog ich schon als Vierjähriger eines Morgens am Tag nach der Osterprozession im Nachthemd singend ums Haus und trug als „Kirchenfahne" einen Besen, an dem oben ein Wischlappen hing. Auch spielte ich später mit meinen beiden Schwestern als Meßdienern hl. Messe und beschwerte mich bei der Mutter, daß diese dabei nicht die nötige Andacht zeigten. Jahrelang war ich dann Ministrant in der Pfarrkirche und in den beiden Schwesternhäusern.

Als meine Mutter mir vom Onkel Hermann erzählte, der, aus einer armen Kleinbauernfamilie stammend, unter großen Schwierigkeiten den Weg zum Priesterberuf fand, tauchte zum ersten Mal der Gedanke auf, ob ich nicht auch selber Priester werden könnte. Jedenfalls war dieser Beruf seitdem für mich immer etwas Großes und Wichtiges, auch als ich mich in der Pubertät vom Elternhaus ein wenig distanzierte. Ich sehe eine besondere Gnade Gottes darin, daß der damalige pubertäre Protest eine positive Richtung durch die Begeisterung für die Ideale der katholischen Jugendbewegung bekam, die ihren Ausdruck fand in der Liedstrophe: „Christus, Herr der neuen Zeit."

In jener Zeit durfte ich einmal bei der dreistündigen Karfreitagsprozession als „Simon von Cyrene" dem Kreuzträger helfen, das schwere Holzkreuz über die Straßen des Kreuzweges zu tragen. Damals habe ich erstmals an die Möglichkeit gedacht, in meinem späteren Leben wirklich mit Christus das Kreuz tragen zu dürfen.

Während des Studiums in Münster (1932 – 36) erlebte ich die zunehmende Brutalität der Nationalsozialisten: Verfolgung politischer Gegner, Verbote aller demokratischen Institutionen, der katholischen Verbände und Schulen, die Bücherverbrennung auf dem Domplatz und die Nürnberger Judengesetze. Als ich auf dem Prinzipalmarkt die SA skandieren hörte: „Deutschland erwache, Juda verrecke", rief ein Freund an meiner Seite empört: „Pfui!" – Ängstliches Entsetzen der Leute ringsum. – Einer rief: „Da gibt es noch Marxisten in der Nähe." Mein Freund: „Nein, Christen!" Dann mußten wir uns schleunigst entfernen, um einer Verhaftung zu entgehen. Einige Wochen darauf holte ich mir bei einer Sympathie-Kundgebung der Jugend für Bischof von Galen auf dem Domplatz eine blutige Nase. Schlägereien und Übergriffe gegen die Katholische Jugend waren an der Tagesordnung – Vorboten für die schrecklichen Repressalien der nächsten Jahre.

Vorbote der kommenden ungeheuerlichen Mordaktionen während des Krieges war aber auch der sogenannte Röhm-Putsch am 30. Juni 1934. Ich liege am Vortag an der Ems in der Sonne. Unsere Neudeutschland-Hochschulgruppe hat schnell ein kleines illegales Zeltlager auf einem Privatgrundstück organisiert. Wir genießen die schönen Sommertage. Das einzige Paddelboot ist den ganzen Tag besetzt. Mein Freund sagt: „Die Nacht wird schön, da ist das Boot frei. Hast Du Lust zu einer Nachtfahrt auf der Ems?" Ich stimme zu. Wir paddeln die ganze Nacht auf der Ems, begleitet vom Mond, der durch das Ufergebüsch leuchtet. Ein herrliches Erlebnis in der stillen Natur.

Wir ahnen nicht, daß in dieser Nacht über hundert Menschen auf Befehl Hitlers ermordet werden, wirkliche und vermutete Rivalen, aber auch unbequeme Gegner und Kritiker der Nazis, sowie einfach nur aufrechte Christen: Dr. Erich Klausener, Ministerialdirektor im preußischen Innenministerium, Vorsitzender der Katholischen Aktion in Berlin. Ferner Dr. Fritz Gerlich, Herausgeber der mutigen katholischen Wochenzeitung „Der gerade Weg" (später „Michael"), und viele andere. Sonntag für Sonntag hatten wir den „Geraden Weg" an den Kirchtüren verkauft, bis die Zeitung im März 1933 verboten wurde.

Wir ahnen auch nicht, daß einer, der jetzt fröhlich mit uns an der Ems zeltet, der spätere Kaplan Hermann Lange, schon wenige Jahre danach in Hamburg enthauptet wird.

Am anderen Tag erfahren wir erschüttert im Radio und in der Presse von dem entsetzlichen Geschehen. Hitler rechtfertigt sich: Er habe „in der Stunde der Not" als „oberster Gerichtsherr" handeln müssen. Wir wundern uns, daß sich das deutsche Volk mit diesen Schandtaten widerspruchslos abfindet.

An einen flammenden Protest kann ich mich jedoch erinnern: Unter uns Neudeutschen kursierte ein geheim weiterverbreitetes Flugblatt des damaligen Philosophen Dietrich von Hildebrand, in dem es hieß: „Jetzt ist die Stunde der Wahrheit gekommen, nun hat dieser Verbrecher seine Maske fallenlassen und sein brutales Gesicht gezeigt."

Der bekannte Pater Franziskus Stratmann hatte schon im Jahr zuvor beklagt: Niemand protestiert wirksam gegen diese unbeschreibliche deutsche und christliche Schmach. Am Opportunismus geht das echte Christentum zugrunde. Nur durch Bekennertum und Märtyrertum kann die darniederliegende Christenheit wieder hochkommen.

Die Stimmung des katholischen Volkes in dieser Zeit schilderte ein katholischer Gymnasiast in St. Wendel/Saar (Alfons Thomé): Wird dieser neue Kanzler mit der Macht verantwortungsvoll umgehen und die unter Eid beschworene Verfassung halten? Wird er das Konkordat halten? Im Kirchenvolk breitete sich eine tiefe Unsicherheit und Sorge aus.

Tatsächlich war Hitler „entschlossen, das Christentum mit Stumpf und Stiel, mit all seinen Wurzeln und Fasern in Deutschland auszurotten ... Man ist entweder Christ oder Deutscher, beides kann man nicht sein" (zitiert aus *Rauschning*, Tischreden Hitlers). 1933 blieb diese grundsätzliche Absicht zunächst noch verborgen. Ein mir befreundeter Ordenspriester – wegen einer Predigt über Feindesliebe ins KZ gekommen – sagte bei der Vernehmung durch die Gestapo: „Wenn Sie mich wegen dieser Äußerungen einsperren, können Sie jeden Priester der Kirche verhaften." Antwort: „Ja, das können wir auch, aber die Zeit ist noch nicht reif dafür."

16

Das Volk sollte nicht vor den Kopf gestoßen werden. Aber der Nationalsozialismus hat sich niemals nur als politische Partei verstanden; er war von vornherein Weltanschauung. Eine Koexistenz mit dem christlichen Glauben konnte es nicht geben. Was anfangs als „positives Christentum" in der evangelischen Kirche (Bewegung „Deutsche Christen") agierte, war ein völlig ausgehöhltes, verwässertes Christentum, ja seine Diffamierung, denn „jüdisches Gedankengut" sollte ausgemerzt und Jesus zum Arier erklärt werden. Es war ein schmutziger Kompromiß mit dem Zeitgeist.

Der Abschluß des Reichskonkordates 1993 mit dem Vatikan wurde von Anfang an Schritt für Schritt gebrochen. 1937 kam endlich ein offenes Wort des Papstes: die Enzyklika „Mit brennender Sorge", die einen der schärfsten Angriffe gegen die NS-Ideologie in der Weltöffentlichkeit darstellt.

Nun verschärfte sich der Kampf gegen die Kirche immer mehr, zwar nicht offen deklariert, aber die Tendenz wurde immer deutlicher. Katholische Organisationen und Schulen wurden aufgelöst, die Presse wurde vernichtet. In Schulen und Betrieben setzte ein systematischer Gesinnungsterror ein. Ein falsches Gottesbild, die anonyme „Vorsehung" wurde propagiert, das Christentum als „Gift für die deutsche Seele" bezeichnet. Der „Mythos des 20. Jahrhunderts" (Rosenberg) brachte die „Blut- und Boden-Ideologie", die germanischen Völker wurden über alle anderen erhoben, die arische Rasse wurde vergöttlicht. Zugleich begann systematisch und raffiniert ein Rufmord an der Kirche vor der Öffentlichkeit: Durch Devisen- und Sittlichkeitsprozesse suchte man das Vertrauen des christlichen Volkes zur Kirche zu zerstören. Im Jahre 1936/37 war Bischof Petrus Legge in einen Devisenprozeß verwickelt und zu meiner Priesterweihe gerade erst aus dem Gefängnis entlassen.

Nach und nach wurden immer mehr Priester wegen einfacher christlicher Äußerungen in Predigten ins Gefängnis gebracht. Es konnte praktisch jeden treffen, wenn sich nur ein Denunziant fand. Erst 1945 ist das volle Ausmaß des wirklich dämonischen Wütens Hitlers offenbar geworden; aber wir haben doch schon in den ersten Jahren der Nazizeit erkannt, daß die Mächte der Finsternis aufstanden gegen das Reich Christi, und auch damals gab es schon viele Menschen, die in dieser Situation bereit waren, Gott mehr zu gehorchen als den Menschen.

Christen haben keine andere Waffe gegen das Wüten Satans als die Waffe der Liebe. Sie haben deshalb nicht in erster Linie politischen Widerstand organisiert. Natürlich gab es auch diesen unter Christen; dafür gibt es viele Beispiele bis hin zu den Männern des 20. Juli 1944, die – durchweg von ihrem christlichen Gewissen getrieben – das Attentat auf Hitler wagten, obschon kaum Aussicht auf Gelingen bestand (s. Brief Berthold von Stauffenbergs, Bruder des Klaus von Stauffenberg, an seine Frau kurz vor dem Attentatsversuch).

Viel bedeutsamer aber ist der allgemeine Widerstand im gläubigen Volk und unter den Priestern gewesen. In Münster war unter den 400 Theologiestudenten kein wirklicher Nazi oder Sympathisant, ebensowenig wie im ganzen Klerus des Bistums. Das gläubige Volk erkannte bald, worum es ging, und folgte mehr dem Gewissen als den behördlichen Anordnungen. In meiner Heimat haben viele Leute flüchtige Verfolgte unter eigener Lebensgefahr heimlich über die holländische Grenze geleitet. Viele haben Zwangsarbeiter verbotenerweise unterstützt. Die Bevölkerung in Dachau legte gut eingewickelte, belegte Brote in die Mülltonnen für die KZ-Gefangenen (die Müllabfuhr war daher eines der begehrtesten Arbeitskommandos im Lager). Es kann wohl jeder, der die damalige Zeit als Christ erlebt hat, zahlreiche Beispiele erzählen, wie brüderliche Hilfe unter Mißachtung der Gefahr für die eigene Sicherheit geleistet wurde.

Natürlich gab es auch unter den Christen und Vertretern der Kirche so manche, die sich lange täuschen ließen bzw. sich einfach nicht vorstellen konnten, daß in unserem Vaterland Ausbrüche hemmungsloser Bosheit und Grausamkeit, ja antichristlicher Verfolgung großen Stiles möglich seien; aber ihre Anzahl ist minimal. Der größte Teil des Kirchenvolkes stand dem Nationalsozialismus zumindest mißtrauisch, meist aber ablehnend gegenüber.

Kardinal Lustiger, Paris, der in der NS-Zeit noch gläubiger Jude war, hat meine Erfahrungen in einem Interview mit dem „Spiegel" 1983 etwa so bestätigt: „Ich habe festgestellt, daß die Menschen, die gegen die Nazis auftraten, meistens Christen waren bzw. Menschen, die sich bei ihrem Kampf gegen Hitler auf das Christentum beriefen. Nicht das Zögern der Kirche empfand ich als skandalös, sondern die Verblendung fast aller Intellektuellen des Westens und seiner verantwortlichen Politiker angesichts des Aufstiegs der Irrationalität und des Nazi-Wahns. Es ist einfach, allein die Kirche anzuklagen. Aber wo sind denn die deutschen Hochschullehrer in jener Zeit geblieben? Welche deutschen Professoren haben protestiert? Wo waren plötzlich die Liberalen, die Demokraten? Was ist in den linken Parteien während der letzten Jahre der Weimarer Republik passiert?" Je stärker aber der Druck von außen war, desto fester wurde mein Entschluß, dem Ungeist des Bösen als Priester durch treue Verkündigung des Glaubens Widerstand zu leisten.

„Ich rufe heute Himmel und Erde wider euch zu Zeugen an: Leben und Tod, Segen und Fluch habe ich dir vor Augen ge-

stellt. So sollst du denn das Leben wählen, indem du Jahwe, deinen Gott, liebst." (Dtn 30)

Als 1937 Papst Pius XI. in seinem berühmten Rundschreiben „Mit brennender Sorge" vor aller Welt die Rassen-Ideologie des Nationalsozialismus als unvereinbar mit dem Christentum verurteilte, konnte seine Botschaft nur durch Kuriere zu den Bischöfen und Pfarrern gelangen. Ohne daß die Gestapo es erfuhr, gelang dies Vorhaben. Zwei Wochen vor Ostern wurde das Rundschreiben in allen katholischen Kirchen verlesen. In meinem Heimaturlaub habe ich es damals mit dem Leichtmotorrad persönlich den einzelnen Pfarrern des Kreises Steinfurt überbracht mit der Anweisung, es bis zum Augenblick der Verlesung zu verstecken.

Von meinen Professoren ist mir besonders der Dogmatiker Michael Schmaus in guter Erinnerung. Er hatte zwar in den ersten Monaten nach der Machtergreifung im Auditorium maximum der Universität einen Vortrag gehalten über „Begegnungen zwischen NS-Weltanschauung und katholischem Christentum". Bald darauf, vor allem nach dem Röhm-Putsch, hat er sich klar vom Nationalsozialismus distanziert, noch mehr jedoch der Professor für Missionswissenschaft und Kirchengeschichte Josef Schmidlin, der als einziger von allen Professoren der Uni den Hitlergruß verweigerte und den die SS im Konzentrationslager Natzweiler/Elsaß erschlagen hat.

Die bedrückende Atmosphäre durch die Nazis während meiner acht Semester in Münster wurde aber immer wieder aufgehellt in der Gemeinschaft der Studenten und Priesteramtskandidaten der Hochschulgruppe „Neudeutschland". Wir feierten kleine Feste, organisierten illegale Sommerzeltlager und Ausflüge und machten in den Ferien große Fahrten im In- und Ausland. Weil für Bahnfahrten das Geld nicht reichte, reisten wir „per Anhalter" oder mit Fahrrad und Zelt. So unternahm ich mit zwei Freunden einmal eine siebenwöchige Radtour über Aachen, Trier, Straßburg, Lyon, Tours, Orleans, Paris, Reims und Metz, später eine Auto-Stop-Tour durch Holland. Ferner ganz allein eine sechswöchige Radtour durch Deutschland. Ich fuhr über Fulda, Würzburg, Ulm, Augsburg, München, Nürnberg, Hof nach Sachsen. Über Plauen, Zwickau, Chemnitz ging´s nach Dresden, um mein künftiges Arbeitsfeld, das Bistum Meißen, kennenzulernen. Von da machte ich per Anhalter einen Abstecher über Zinnwald, Teplitz nach Prag, dann über Leitmeritz und Bad Schandau zurück nach Dresden, und endlich wieder per Fahrrad über Bautzen, Berlin, Magdeburg, Hannover nach Hause. Diese spartanischen Reisen haben mich abgehärtet und sicher dazu beigetragen, daß ich die späteren Strapazen im KZ überstehen konnte.

Kaplan in Hubertusburg

Nach Abschluß meiner Studien in Münster folgten eineinhalb Jahre Priesterseminar in Schmochtitz bei Bautzen, bis ich dann 14 Tage nach meiner Priesterweihe die ersten Gehversuche in der Seelsorge als Kaplan von Hubertusburg machen durfte. Hubertusburg, in der Mitte zwischen Leipzig und Dresden gelegen, war eine ausgesprochene Land-Diasporapfarrei mit 150 Ortschaften im Umkreis. Das einstige königliche Jagdschloß, im siebenjährigen Krieg durch Friedrich II. von Preußen bis auf die Schloßkirche total ausgeraubt, war in eine psychiatrische Heil- und Pflegeanstalt umgewandelt worden. Die Nazis dezimierten schon vor dem Krieg die Zahl der Patienten durch Aushungerung, ab Kriegsbeginn durch Vergasung. Es war bedrückend, den Abtransport der Busse mit den Todeskandidaten zu beobachten, ohne die Mordaktionen verhindern zu können. Ich war mir zwar nicht sicher, ob die Busse mit den Patienten wirklich in eine Vergasungsanstalt fuhren. Aber es lag doch nahe nach all dem, was ich bisher schon – meist hinter vorgehaltener Hand – als Student in der Heimat von Verwandten gehört hatte, die in der Nähe des Konzentrationslagers Esterwegen wohnten. Ferner die Erlebnisse mit dem Terror gegen die katholische Jugend in Münster, dann der Röhm-Putsch, einmal wurde ich Zeuge, wie ein entflohener Kriegsgefangener roh verprügelt wurde – all das machte es doch sehr wahrscheinlich. Außerdem war ein mir gut bekannter Patient, der Mitbruder Alois Eilers, in Hubertusburg infolge Unterernährung gestorben.

Seitdem blieben solche Ereignisse, ob man sie kennt oder nicht, ob man sie leugnet oder verdrängt, immer irgendwie gegenwärtig. Viele Menschen haben sie verdrängt und schauten damals nicht hin. Dadurch, daß sie keinen von uns beanspruchten, sich wie unsichtbar abspielten und streng vor unseren Augen verborgen waren, verloren sie scheinbar an Überzeugungskraft. Aber man lebte und wollte leben, und, wenn man sich in bestimmten Bahnen hielt, glaubte man, ungefährdet weiterleben zu können.

Durch die Einlieferung ins KZ wurde diese grauenhafte Wirklichkeit plötzlich für mich ganz präsent und steigerte sich immer mehr. Als dann 1942 das Gerücht durch das Lager geisterte, alle Arbeitsunfähigen würden vergast, und so manche es einfach nicht glauben wollten, habe ich einem germanophilen polnischen Adeligen, der noch eine hohe Meinung von der deutschen Regierung hatte, alle Illusionen zerstört durch den Hinweis, daß diese verbrecherischen Maßnahmen sich konsequent aus dem NS-Parteiprogramm ergeben.

Die barocke Schloßkirche war unser schönster Gottesdienstraum; jeden Sonntag hielten wir aber auch Gottesdienst in unserer Kapelle zu Oschatz, dazu zweimal monatlich in einer Gaststätte in Mügeln und Dahlen. Unter unseren Gläubigen gab es nur sehr wenige Einheimische; sie stammten zumeist aus Bayern, Böhmen, Oberschlesien oder Polen. Wegen der großen Entfernungen schaffte ich mir als erstes ein Motorrad, später einen gebrauchten Pkw an.

1939 fuhr ich mit dem Pkw eine Polin, die zur Polnischen Botschaft wollte, nach Leipzig; es war am Tag nach der „Reichskristallnacht". Wir fuhren durch die Scherben zerschlagener Schaufenster, eine Anzahl Juden stand im Wasser der Pleiße, und der Hof der Botschaft war gedrängt voll mit polnischen Juden, die dort Schutz suchten.

Das Leipziger Oratorium vom hl. Philipp Neri war damals für uns junge Priester geistige und geistliche Heimat. Als es während des Krieges für die Juden immer gefährlicher wurde, kam eines Tages Dr. Werner Becker vom Oratorium zu mir mit der Anfrage, ob ich nicht in Hubertusburg eine Jüdin verstecken könnte. Dr. Becker hat sich auch später oft durch furchtlose Betreuung polnischer Gefangener in Lebensgefahr begeben, was mir ein uns wohlgesinnter Polizeibeamter im Leipziger Gefängnis bestätigte.

Den ersten Zusammenstoß mit der Gestapo erlebte ich im Sommer 1938. Die in der katholischen Jugendbewegung führende Gemeinschaft des „Quickborn" hatte sich unter Vorsitz von Heinrich Bachmann als „Abstinentenvereinigung zur Abwehr von Suchtgefahren" getarnt. Mein Pfarrer Max Gewinner erlaubte ihr, in Hubertusburg eine Tagung abzuhalten. Da er in Urlaub war, organisierte ich die Unterbringung und Verpflegung der rund 150 Teilnehmer. Schon am zweiten Tag erschien die Gestapo und löste die Tagung auf, worauf das Verbot des „Quickborn" erfolgte. Damals wurde ich erstmals bei der Gestapo aktenkundig und bis zu meiner Verhaftung am 4. Oktober 1940 „observiert".

Ich habe nie an politischen Widerstand gedacht, aber ich war von Anfang an überzeugt, daß ich als Christ zum geistigen Widerstand verpflichtet bin und dies als Priester am wirksamsten tun kann. Das wurde mir von den Nazis schriftlich bestätigt, als der Krieg ausbrach. Da wurde allen „nicht lebenswichtigen" Kraftfahrzeugen, natürlich auch meinem Pkw, die Zulassung entzogen. Auf meine Beschwerde bei der Kreisverwaltung Oschatz und später beim Bezirk Leipzig erhielt ich die schriftliche Entscheidung: „Die Beschwerde wird abgelehnt, denn der Fahrzeughalter benutzt das Fahrzeug, um eine dem Nationalsozialismus widersprechende Weltanschauung zu verbreiten."

„Warum toben die Völker, warum machen die Nationen vergebliche Pläne? Die Könige der Erde stehen auf, die Großen haben sich verbündet gegen den Herrn und seinen Gesalbten: Laßt uns ihre Fesseln zerreißen und von uns werfen ihre Stricke! Doch er, der im Himmel thront, lacht, der Herr verspottet sie." (Ps 2)

Die Gefahr, in der ich schwebte, hätte mir von da an bewußt werden müssen; aber seltsamerweise glaubten wir immer noch, in einem Rechtsstaat zu leben, und hielten Rechtsbeugungen bei Justiz, Polizei und Verwaltung für vorübergehende Übergriffe.

Ab Kriegsbeginn war ich Pfarradministrator geworden, weil mein Pfarrer für die Militärseelsorge eingezogen wurde. An seiner Stelle wurde ich nun auch „Standortpfarrer im Nebenamt" in Oschatz. In evangelischen Kirchen wurde erst nach 1945 katholischen Gläubigen allgemein Gastrecht gewährt. Als Militärseelsorger hatte ich damals schon Zugang zu jeder Kirche. Ich nutzte diese Möglichkeit, für rund 200 französische Kriegsgefangene in Calbitz einen Gottesdienst zu halten, wobei ich aber die Predigt nur vorlesen konnte.

(Immerhin machten mir zwei Theologiestudenten nachher das Kompliment: „Vous avez bien prononcé.")

Als eine ganze Infanteriedivision vorübergehend in der Gegend um Mügeln stationiert war, organisierte ich schnell einen Wehrmachtsgottesdienst in der Mügelner Pfarrkirche und hielt die Messe praktisch über dem Grab des letzten Bischofs von Meißen vor der Reformation, Johann von Haugwitz. Auch später feierte ich Militärgottesdienste für kleinere Einheiten auf den evangelischen Dörfern, wobei ich grundsätzlich immer mit dem Angebot zur Beichte begann, was sich in vielen Fällen segensreich auswirkte.

Verhaftung und Gefängnis in Leipzig

Der Bürgermeister und Ortsgruppenleiter der NSDAP – sehr wahrscheinlich ein abgefallener Katholik – wartete wohl, wie ich später meinen Gestapo-Akten entnehmen konnte, auf eine Gelegenheit, mich zu beseitigen. Diese bot sich, als ich ein Lager von polnischen Zwangsarbeitern aufsuchte. Der Hintergrund:

Ein Erlaß der Regierung verbot den polnischen Zwangsarbeitern den Empfang des Bußsakramentes und vor allem die Teilnahme an deutschen Gottesdiensten. Für die zahlreichen Zwangsarbeiter in meinem großen Pfarrbezirk kam das einer Katastrophe gleich. Die sonntägliche Teilnahme an der hl. Messe war für diese diskriminierten Arbeitssklaven der einzige Lichtblick in ihrem öden Alltag.

Ich beschloß deshalb, Sondergottesdienste nur für Polen zu halten, was ja nicht verboten war. Weil ich der polnischen Sprache nicht mächtig war, ließ ich bei meinem Besuch im Lager Mahlis durch einen Dolmetscher das Evangelium ins Polnische übersetzen. Ein Polizist, der das Lager kontrollierte, meldete das dem Ortsgruppenleiter, der dann die Gestapo Leipzig veranlaßte, mich festzunehmen. Gleichzeitig gelang es ihm, uns unsere schöne Hubertusburger Schloßkirche zu rauben. Aufgrund des Freundschaftsvertrages 1939 zwischen Hitler und Stalin waren Wolhyniendeutsche aus Rußland gekommen und im Hubertusburger Schloß untergebracht. Es wurde daraufhin wie eine Kaserne gegenüber Zivilpersonen abgesperrt, so daß jeder Gottesdienst unmöglich wurde. Wochentagsmessen feierten wir nun in unserem Kinderheim, für die Sonntagsgottesdienste stellte uns der evangelische Pfarrer seine Kirche zur Verfügung.

Nach einer Hausdurchsuchung wurde ich am 4. Oktober 1940 ins Polizeigefängnis Leipzig eingeliefert. Ich wußte wirklich nicht, was gegen mich vorliegen könnte. Nach zwei Vernehmungen formulierte man im sog. Schutzhaftbefehl, der mir zynischerweise Heiligabend 1940 ausgehändigt wurde, unter anderem als erstes: „Scheipers gefährdet den Bestand und die Sicherheit des Volkes und Staates, indem er in freundschaftlicher Weise mit Angehörigen feindlichen Volkstums verkehrt." Weil für mich die Zwangsarbeiter nicht „Untermenschen" waren, wie es in der Nazi-Propaganda hieß, sondern Söhne und Töchter Gottes, denen meine Sorge und Liebe in gleicher Weise galt wie den Deutschen, habe ich also damals die

Sicherheit des Volkes und Staates gefährdet. Normalerweise wurden die Gestapo-Gefangenen nach drei Wochen Polizeihaft entweder ins Gerichtsgefängnis überstellt, wenn aufgrund der Vernehmungen eine gerichtliche Anklage möglich war, oder in ein Konzentrationslager eingeliefert. Ich verbrachte aber sechs Monate im Leipziger Polizeigefängnis und merkte bei den Vernehmungen bald, daß der Besuch des Zwangsarbeiterlagers nur ein willkommener Anlaß zu meiner Verhaftung gewesen war.

Der wirkliche Grund meiner Haft wurde offenbar, als man versuchte, mich von meinem Priesterberuf abzubringen. Solche Versuche sind bei fast allen jüngeren Priestern gemacht worden. Die Vernehmung verlief so: „Ihr Beruf hat in unserer Zeit keine Zukunft mehr. Sie könnten Offizier oder Ingenieur sein. Und der Zölibat! Können Sie mir mal erklären, was das für einen Sinn haben soll? Ich verstehe so was nicht!" Ich antwortete: „Sie als SS-Mann müßten das doch gerade verstehen. Wenn man sich an eine Aufgabe ganz hingeben will, muß man eben frei sein von anderen Bindungen, in unserem Falle von Ehe und Familie. Schauen Sie doch auf den Führer; er gibt sich ganz dem Volke hin und ist ja auch nicht verheiratet." Darauf brach der Beamte ohne ein weiteres Wort die Vernehmung ab.

Zu meiner Antwort fiel mir später Mt 10,19 ein – sie war ganz spontan gekommen, ich war ja auf diese Frage gar nicht vorbereitet –: „Wenn man euch vor Gericht stellt, macht euch keine Sorgen, wie und was ihr reden sollt; denn es wird euch in jener Stunde eingegeben, was ihr sagen sollt."

Über die Behandlung im Polizeigefängnis Leipzig konnte ich eigentlich nicht klagen. Die Polizisten stammten damals noch z. T. aus der Weimarer Zeit und brachten einem Geistlichen eine gewisse Achtung entgegen. So wurden in meine

Zelle meist „passende" Kollegen gelegt, zweimal ein evangelischer Pfarrer, ferner ein Leiter der „Landeskirchlichen Gemeinschaft". Auch durfte meine persönliche Wäsche weiter von den Schwestern unseres Kinderheimes besorgt werden – 14tägig schmuggelten sie in guter Fürsorge mit der Wäsche „Erfrischungen" für mich ins Gefängnis; einmal war sogar in eine Art Kuchen eine Wurst eingebacken.

Ein furchtbares Erlebnis war für mich die Brutalität bei der Behandlung anderer Gefangener, quälend vor allem, weil man nicht eingreifen konnte. Ich war nach einem Vierteljahr „Kalfaktor" geworden, eine Art Reinigungsfaktotum, und bekam als solcher Einblick in diese Praxis, besonders gegenüber den Polen und den anderen Osteuropäern. Schon vorher hatte ich abends oft das Schreien von Gefangenen gehört, die in „Sonderbehandlung" der SS waren. Nun aber erlebte ich, daß ganze Gruppen von Gefangenen, die in irgendein Lager weitertransportiert werden sollten, für die Nacht in eine viel zu kleine Sammelzelle gepfercht wurden, ohne Möglichkeit, sich hinzulegen. Wir Essenträger mußten abends nach Eintreffen des Transports einen Suppenkübel (einzige Verpflegung für den ganzen Tag!) in die von entsetzlichem Gestank erfüllte Zelle stellen, über den die Hungrigen wie die Wilden herfielen. Schwächere gingen meist leer aus. Das ansehen zu müssen und nicht helfen zu können, gehört zum Schlimmsten meiner ersten Gefängniszeit.

Ende März 1941 wurde mir mitgeteilt, daß ich mich am nächsten Morgen für den Abtransport ins KZ Dachau fertig machen müsse. Weil ich ja als Kalfaktor eine Art Vertrauensstellung hatte und dadurch innerhalb des Gefängnisses eine gewisse Freiheit genoß, war ich eigentlich auf baldige Entlassung eingestellt. Jetzt war ich um so mehr deprimiert. In diesem Augenblick erschien es mir als das Schlimmste, daß man nicht wissen konnte, wie

Anna Scheipers beauftragte den Rechtsanwalt H. Löbmann mit
der Verteidigung ihres Bruders. Dieser hätte aber nur aktiv werden können, wenn eine Anklage vor Gericht möglich gewesen
wäre. Dr. Löbmann erhielt nicht einmal eine Sprecherlaubnis.

In seinem obigen Brief an Ortsgruppenleiter Göbel, in dem er
diesen um ein Leumundszeugnis für Kaplan Scheipers bittet,
findet sich ein Hinweis zum eigentlichen Grund für seine KZ-
Haft: Die Gestapo Berlin will „dem Fall Scheipers eine grundsätzliche Bedeutung" beimessen, d. h. jeder verhaftete Priester muß
getestet werden, ob er sich den Zielen der Partei unterwirft und
möglichst auch seinen Beruf aufgibt.

lange die KZ-Haft dauern würde. Meine Mitgefangenen glaubten, wie ich auch, das stünde in meinen Akten, die in der Transportzelle bereitliegen müßten. Am Abend, wenn die Polizisten mit neuen Transporten beschäftigt waren, sollte ich, während die anderen Schmiere stünden, mit Kehrblech und Besen in der Hand so tun, als ob ich im unteren Flur reinigen müßte. Dort war in der Nähe der Wache die Transportzelle. Alles klappte, die Tür war nicht verschlossen, ich schlich mich ein und fand wirklich auf einem Regal meine Akten. Zwar gab es keinen Hinweis auf die Dauer der Haft, dafür aber in einem Schreiben an das „Reichs-Sicherheits-Hauptamt" in Berlin eine ausführliche Begründung für meine Überführung ins KZ. Das Wichtigste darin:

1. Der Bürgermeister von Wermsdorf, zugleich Ortsgruppenleiter der NSDAP (der um eine Beurteilung angeschrieben worden war), könne es nicht verantworten, daß ich freigelassen und wieder in die Volksgemeinschaft aufgenommen würde. Etwa 30 Jahre später hat er, der sich 1945 nach Westdeutschland abgesetzt hatte, durch seine Tochter bei mir anfragen lassen, ob ich etwas gegen seine Rückkehr in die DDR einzuwenden hätte; er habe ja mit meiner Verhaftung nichts zu tun gehabt. Die Tochter sah ihrem Vater auffallend ähnlich. Ich wurde sofort an dessen höhnisch lächelnden Blick erinnert, mit dem er mir am 4. Oktober 1940 nachblickte, als die Gestapo mich von Hubertusburg ins Gefängnis abtransportierte. Sie war sehr erschrocken, als ich ihr sagte, was ich durch die Gestapo-Akten über ihren Vater erfahren hatte. Ich versicherte ihr zwar, daß er von mir nichts zu befürchten brauche, weil ich ihm verziehen habe. Trotzdem hat mich diese Begegnung noch tagelang aufgewühlt, und ich habe gespürt, daß Feindesliebe auch für einen Christen nicht selbstverständlich ist. Mein Denunziant blieb aber in

Anbei die Effekten des Kaplans Hermann Scheipers.
Scheipers wird am 22.3.41 von Leipzig nach Dachau be =
fördert.Sendungen nach hier sind zwecklos.

Schenk

Pol.-Hptw.

Westdeutschland, weil er auch Zwangsarbeiter mißhandelt
hatte und dadurch gefährdet war.

2. Das Entscheidende bei meinem illegalen Blick in die
Gestapo-Akten war die abschließende Gesamtbeurteilung:
„Scheipers ist ein fanatischer Verfechter der katholischen
Kirche und deswegen geeignet, Unruhe in die Bevölke-
rung zu tragen. Daher weitere Schutzhaft im KZ Dachau."

Das deutsche Volk sollte also durch die Verkündigung
der Botschaft Christi nicht „beunruhigt" werden!

Ich bin Gott während meiner weiteren Haft immer
wieder dankbar gewesen für diese klaren Aussagen der
Gestapo. Ich wußte jetzt, woran ich war. Es kam eine große
Ruhe über mich, die alle diese Jahre hindurch anhielt,
und ich glaube, das hat mir entscheidend geholfen, die
Gefangenschaft leichter als manche andere zu überstehen. Vielleicht ist mir wirklich erst von daher mein Priesterberuf zum inneren Besitz geworden – fürs ganze
Leben. Ich spürte, daß meine Haft mehr bedeutete als

eine Panne im Umgang mit diesen staatlichen Behörden, daß ich buchstäblich hineingestellt war in den Kampf zwischen Licht und Finsternis, zwischen Christus und Satan – und fragte mich verwundert, wieso ich würdig befunden war, zu denen zu gehören, die für den Namen Jesu leiden dürfen. Ich habe manche kennengelernt, die unter der „Schande" ihrer Polizeihaft schwer litten. Die Beurteilung durch die Gestapo (die ich ja nur zufällig lesen konnte) hat es mir ermöglicht, die Haft nie als Schande zu empfinden, sondern als etwas, das zum Priesterberuf gehört und das darüber hinaus jedem Jünger Christi gemäß ist.

Natürlich habe ich oft Angst gehabt, aber es war nie lähmende, verzweifelte Angst. Denn nun hatte ja die Liebe Gottes alles zu verantworten, was auf mich zukommen würde, da ich dazu mein Ja gesagt hatte. Und ich habe während meiner ganzen Haft immer wieder erfahren, daß aus quälend fragender Ungewißheit ein fragendes Staunen wurde vor den deutlich greifbaren Fügungen Gottes.

„Das Boot war schon mitten auf dem Meer und wurde von den Wellen bedrängt, denn es war Gegenwind. Um die vierte Nachtwache aber kam Jesus auf sie zu, über den See schreitend. Als ihn aber die Jünger über den See schreiten sahen, entsetzten sie sich und meinten, es sei ein Gespenst, und vor Furcht schrien sie auf. Er aber redete sie sogleich an und sprach: Mut! Ich bin es. Fürchtet euch nicht. Da antwortete ihm Petrus und sagte: Herr, wenn du es bist, so heiße mich zu dir auf das Wasser kommen. Er aber sprach: Komm! Und Petrus stieg aus dem Boot und schritt auf dem Wasser hin und kam auf Jesus zu. Als er aber den Wind sah, fürchtete er sich, und als er zu sinken begann, schrie er: Herr, rette mich! Sogleich streckte Jesus die Hand aus, ergriff ihn und sprach zu ihm: Du Kleingläubiger, warum hast du gezweifelt?" (Mt 14,22-32)

Transport und Einlieferung
ins KZ Dachau

Ende März 1941 ging also unser Transport von Leipzig nach Dachau. Am ersten Tag kam ein Schub Krimineller aus dem Zuchthaus Waldheim zu uns. Sie hatten zwar ihre Strafe abgesessen, kamen aber nach den damaligen Gesetzen zur „Sicherheitsverwahrung" ins KZ. Auch die Vermischung verschiedener Gefangenengruppen war Methode: Regimegegner sollten zu Verbrechern gestempelt werden. Goebbels hatte die KZ „Mülleimer der Nation" genannt. (Eine Episode von diesem Transport: In der vergitterten Waggonzelle war ein Mann mit 13 Vorstrafen neben mir; wir sagten einander, wer wir seien; da bemerkte er trocken: „Da haste falsch gesungen auf der Kanzel.")

Auf der ersten Zwischenstation in Plauen, Vogtland, wurden wir von den Polizeibeamten auffallend freundlich behandelt und gut verpflegt. Sie boten uns sogar an, eine Woche dort zu bleiben, uns auszuruhen und erst mit dem nächsten Transport weiterzufahren. Diese überraschende Welle von Menschlichkeit, die uns dort entgegenschlug, werde ich nie vergessen. War es Mitleid mit uns oder Opposition gegen die Nazis? Vielleicht eine Mischung aus beidem.

In Hof war die Unterbringung sehr schlecht – in einer Sammelzelle. In dieser muß wohl auch Propst Lichtenberg von Berlin gewesen sein, der dort auf dem Transport nach Dachau gestorben ist.

In Nürnberg wurden wir, mit Stahlfesseln aneinandergekettet, öffentlich über den mit Reisenden gefüllten Bahnsteig geführt. Unter den Blicken der Leute litten viele sehr. Bei der Ankunft auf dem Bahnhof in Dachau muß-

Konzentrationslager Dachau bei München

ten wir unter Schlägen und Fußtritten einen Lastwagen besteigen, und dann ging's ins Lager.

Zuerst wurden wir, noch in Zivilkleidung, dem Lagerkommandanten vorgeführt. Bei seiner Ansprache konnten wir ahnen, was auf uns zukam: „Ihr seid vom deutschen Volk ausgestoßen, Ihr seid ehrlos, wehrlos und rechtlos: Ihr habt hier zu arbeiten oder zu verrecken." Danach wurden wir einer Gruppe, meist junger SS-Leute, überlassen, die uns – wieder unter Fußtritten und Schlägen – verspotteten: „Schaut Euch dieses Verbrechergesicht an, wieviel Vorstrafen hast Du?" Neben mir stand ein noch etwas beleibter Pfarrer aus Posen – „Guckt Euch den vollgefressenen Pfaffen an!" –, und er bekam einen Tritt in den Bauch. Ich wurde nicht gleich als Priester erkannt – damals hatten wir zwar alle noch das Kollar, aber es war vom Kragen meines Lodenmantels verdeckt. „Warum bist Du hier?" Ich kürzte den langen Text des Schutzhaftbefehls ab: „Freundschaftlicher Verkehr mit Polen." Da grinste er hämisch: „Na, wie alt war denn das Mädchen?" Ich: „Männer, keine Mädchen." Nun wollte er wissen, wie alt die Männer gewesen wären, wurde aber weggeholt, und so kam ich sogar ohne Fußtritt und ohne Ohrfeige ins KZ.

Niemals in meinem Leben habe ich die lenkende Hand dessen, der „die Schlüssel des Todes und der Welt des Todes" (Offb 1,18) in seinen Händen hält, so deutlich gespürt wie in den KZ-Jahren. Schon bei der Einlieferung bin ich ganz knapp am Tod vorbeigekommen. Genau bis zu diesem Tag kam jeder Jude und meist auch ein Priester zunächst einmal für einige Wochen in die Strafkompanie, wo körperlich Schwache bald den Tod fanden.

Ich war wohl noch nicht reif dafür. Nach der Aufnahmeprozedur wurde ich einem Haufen von etwa 30 Mann zugeteilt, ohne zu wissen, wie es weiterging. Ein Jesuitenpater im KZ-Zebra – wir Neuen waren noch in Zivil – versuchte trotz Verbots, sich uns zu nähern, und sprach mich an: „Bist Du Priester?" „Ja." „Willst Du nicht beichten?"

„Warum?" „Du kommst in die Strafkompanie." In diesem Moment wurde er verjagt. Da merkte ich, daß er mich auf den Tod vorbereiten wollte. Aber kurz darauf hieß es: „Die Pfaffen müssen hier heraus", und ich kam in den Block 30 statt in die Strafkompanie, später in den Block 26, Stube 3.

Allgemeine Situation in Dachau

Das Lager Dachau ist schon 1933 als erstes Konzentrationslager der Nazis errichtet worden. Wieviele Menschen dorthin kamen, jahrelang dort arbeiteten und litten, wieviele dort zu Tode kamen oder zur Vernichtung weitertransportiert wurden, kann wohl nur geschätzt werden.

1945 gab es dort 32.000 Gefangene. Das Lager bestand aus den Verwaltungs- und Wirtschaftsgebäuden und 30 Baracken (Blocks). Die gesamte Stacheldrahtumzäunung war elektrisch geladen und ständig schwer bewacht.

1933 gab es nur „Politische" (meist Kommunisten und Sozialdemokraten) und Juden im Lager. Zu den „Politischen" rechnete man später alle Angehörigen der von den Nazis diskriminierten Völker (Polen, Russen, Tschechen), erst recht natürlich die Widerstandskämpfer aus Frankreich, Italien, Belgien, Holland usw. Auch die Priester galten als „Politische" (auf meiner Karteikarte in Dachau stand als Begründung meiner Haft: „Staatsfeind"). Sie waren erkennbar am roten Dreieck, das auf der Kleidung samt der Gefangenen-Nummer aufgenäht war. Für die Kriminellen war es grün, für Zigeuner und „Arbeitsscheue" schwarz; Juden trugen den gelben Stern.

Jeder Block hatte 4 Stuben für je 70 Häftlinge. Als ich nach Dachau kam, waren es schon 150, 1945 über 300.

Die Block- und Stubenältesten sowie die Kapos (Aufseher über Arbeitsgruppen) waren durchweg Kommunisten. Erst ab 1944 durften wir uns selbst verwalten.

Außerhalb des großen KZ-Areals, unmittelbar anschließend, lag die fast doppelt so große Heilkräuter-Plantage der SS, mit gewöhnlichem Maschendraht eingefaßt, das übliche Arbeitskommando für rund 1000 Priester. Die Arbeit war schwer und anstrengend, weil es nicht wie an anderen Arbeitsplätzen eine „Brotzeit" gab, und besonders im Sommer wegen der langen Arbeitszeit, die sich wegen der Fluchtgefahr nach der Tageshelligkeit richtete. So ging es uns bei Nebel und im Winter besser. Vielfach waren Priester auch zu Reinigungsarbeiten im Lager eingesetzt, später auch in Schreibstuben und in der SS-Besoldungsstelle.

Pater Karl Schmidt vom „Foto-Kommando-Plantage" fotografierte Ende 1944 in einem Abstellraum insgeheim (v. l.) Pfr. Burkhard (Bistum Augsburg), Kpl. Scheipers (Bistum Meißen) und Pfr. Neunzig (Bistum Trier). Alle drei trugen schon Zivilanzüge (s. S. 85). Kpl. Scheipers aber lieh sich dazu von einem Mithäftling eine „Zebra"-Jacke.

Im allgemeinen haben die kommunistischen „Vorgesetzten" uns als Leidensgenossen und Kampfgefährten anerkannt und uns nicht unnötig schikaniert. Wenn sie manchmal tobten und schrien und gelegentlich auch Mitgefangene schlugen, taten sie es meist nur zu ihrer eigenen Sicherung gegen die SS, um ihre Stellung nicht zu gefährden. Durch solche Situationen kann das kritische Urteil über den in der DDR bekannten Filmschauspieler Erwin Geschonnek entstanden sein. Er war Blockältester im Zugangsblock und mußte die ankommenden Transporte exerzieren lassen. Die unterschiedlichen Urteile über ihn beweisen, daß man auch den Aussagen ehemaliger KZ-Gefangener gegenüber vorsichtig sein soll.

Ich habe ihn, den atheistischen Kommunisten, in folgender Situation erlebt: Ein junger Ausländer hatte ihn um Hilfe beim Briefeschreiben gebeten (man durfte nur Deutsch schreiben). Nach ein paar Sätzen, die sowieso nur die üblichen Phrasen über gutes Befinden enthalten konnten, wußte er nicht mehr weiter, wollte aber gern noch etwas anfügen. Geschonnek fragte: „Glaubt deine Mutter an Gott? Geht sie zur Kirche?" „Ja." „Dann schreib, Gott soll dich beschützen."

Es gab aber auch böse Einzelfälle, z. B. den Revierpfleger, der den jungen Kaplan Alois Andritzki aus Dresden mit einer Giftspritze ermordet hat. Zusammen mit mir lag er in der Baracke für Bauchtyphus-Kranke. Dem Tode nahe, bat er um einen Priester. Die Reaktion des Pflegers: „Was, a Pfaffen will er haben? A Spritzen kriegt er!"

Die Kommunisten litten nicht nur infolge ihres Unglaubens schwerer als wir unter ihrem KZ-Schicksal. Besonders der Hitler-Stalin-Freundschaftspakt 1939 ließ sie fast an ihren Idealen irre werden. (Stalin hätte doch ihre Freilassung oder mindestens ihre Überstellung in die Sowjetunion als Bedingung fordern können.)

Gelegentlich kam es auch zu religiösen Gesprächen mit uns, die meisten aber hatten nur Spott für unsere Gottesdienste. An ein uns überraschendes Wort unseres Stubenältesten, der sonst nichts von Religion hielt, kann ich mich erinnern: „Ihr Pfaffen seid genau der gleiche Scheißdreck wie wir alle hier im Lager, aber eines könnt ihr: Ihr könnt verzeihen!" Daß er uns aufgrund seiner Beobachtungen daran als Christen erkannte, das war doch ein erstaunliches Kompliment!

Zahlenmäßig waren die Kommunisten eine kleine Minderheit in der großen Masse der Dachauer Häftlinge. Von einer Widerstandsgruppe, wie sie idealisierend über Buchenwald in dem Buch „Nackt unter Wölfen" von Bruno

Apitz geschildert wird, habe ich nichts gemerkt; es ist aber wohl möglich, daß sie bestand, ohne jemals aktiv werden zu können.

Die Russen im Lager waren in der Überzahl gläubige Menschen, im Unterschied zu den Franzosen und Belgiern (die in größerer Zahl erst 1944 kamen). Kaplan Duschak von der Dresdner Hofkirche war gelernter Gärtner und als solcher Hilfskapo in einem Gewächshaus. Er beaufsichtigte eine Anzahl junger Russen, die ihn als „Popen" ehrten. Bei einem Tagesangriff der amerikanischen Luftwaffe ging er, als die ersten Bomben fielen, ziemlich unruhig im Gewächshaus auf und ab, wo die Häftlinge während des Angriffs bleiben mußten. Ein Russe fragte ihn: „Du Angst? Warum du Angst? Wenn kaputt, gleich in Himmel." Etwas verlegen sagte der Kaplan: „Schon richtig, aber jetzt noch nicht, Gott braucht mich noch." Darauf der Russe: „Wenn Gott dich brauchen, du nicht kaputt."

Manchmal konnten die Gefangenen auch untereinander gefährlich werden – wenn es um einen guten Posten ging oder um den Anteil an irgendeiner Beute, auch wenn es nur Pellkartoffeln waren. Goethes Wort „Edel sei der Mensch, hilfreich und gut" verlor jede Bedeutung, wenn es ums Überleben ging.

Um so herrlicher leuchteten Beispiele christlicher Haltung auf. Ein Priester, der vorübergehend in einem anderen Block als Schreiber beschäftigt war, erhielt dort ein großes Paket von seinen Angehörigen. Er überließ angesichts der gierigen Blicke seiner Mitgefangenen diesen das ganze Paket. Im Jahre 1943 bekamen alle Priester einen Tag lang kein Brot als Strafe für „Schiebungen". Diese bestanden darin, daß sie ohne Genehmigung dreimal in der Woche ihr Brot dem Invalidenblock schenkten.

40

Die Situation der Priester

Die Priester waren gesondert in drei Baracken untergebracht. Dieser Bereich war durch einen Maschendraht eigens vom übrigen Lager abgetrennt. Zwei der drei Barakken waren nur mit polnischen Priestern belegt, in der dritten lagen alle übrigen. Der „Priesterblock" war erst im Dezember 1940 nach Verhandlungen zwischen kirchlichen und staatlichen Stellen auf Befehl Himmlers eingerichtet worden. Alle gefangenen Geistlichen sollten in Dachau konzentriert und gemeinsam untergebracht werden. Vollständig ist dieser Befehl allerdings nie durchgeführt worden.

Ab Winter 1941/42 wurden die polnischen Priester plötzlich besonders schwer schikaniert; vor allem durften sie nicht mehr in die Kapelle, haben aber heimlich – sogar auf manchen Arbeitskommandos, während der Frühstückspause zelebriert. Erst ab 1943 hörten die Schikanen allmählich auf. Nur die Kapelle blieb den polnischen Priestern weiterhin verwehrt.

Daß wir Priester in Dachau gemeinsam leben konnten, war eine große Wohltat für uns. Wir konnten uns gegenseitig stärken und ermutigen (siehe *O. Pies, „Stephanus heute"*, S. 99). Wenn wir nicht durch zu lange und zu harte Arbeit erschöpft waren, also eher im Winter und bei Nebel, konnten wir miteinander Vorträge, Schrifterklärungen und Meditationen vor dem Schlafengehen halten. Wir beteten den Rosenkranz und den Kreuzweg; der kommunistische Stubenälteste war immer dabei. Die beste Quelle für unsere seelische Kraft war die Kapelle, in der wir täglich vor der Arbeit meistens um 1/2 4 Uhr früh die hl. Messe feiern konnten und sonntags zuweilen auch herrliche Gottesdienste gestalteten. Die Erlaubnis war

Gottesdienst der KZ-Priester in Dachau. Die meisten Häftlinge tragen schon zerschnittene und mit einem X übernähte Anzüge (s. S. 85), weil es 1944 keine Sträflingsbekleidung (Zebra) mehr gab.

aber nur Priestern gegeben; kein Laie durfte in die Kapelle – aber heimlich wurde das Verbot übertreten.

Unvergeßlich bleiben mir unsere damaligen Karfreitags- und Ostergottesdienste inmitten des grauenhaften Sterbens der Mitbrüder und des ganzen Lagers. Ganz existentiell erlebten wir ja die Ohnmacht des Menschen gegenüber der Macht des Bösen, spürten wir die tägliche Bedrohung, in einem schmachvollen Tod zu enden.

Da war dann die Osterbotschaft, daß Jesus als der Gott unseres Lebens uns teilhaben läßt an seinem Sieg über den Tod, eine uns wirklich stärkende frohe Botschaft. Wer an

42

ihn glaubt, kann nicht besiegt werden. Jeder Tag wird für ihn ein Tag mit neuer Hoffnung, weil er, selbst in der Nacht seines Todes, hinüberschaut in den ewigen Ostermorgen seines Herrn.

„Das ist der Sieg, der die Welt überwindet: unser Glaube."
(1 Joh 5,4)

Bis 1944 mußte die hl. Messe immer vom gleichen dafür bestimmten Priester gefeiert werden; dann konnten wir nach unserem Ermessen abwechseln. So kam ich in der ganzen Zeit viermal zur eigenen Zelebration.

Auch die Errichtung dieser Kapelle ging auf die oben erwähnten Verhandlungen und Himmlers Befehl vom Dezember 1940 zurück, ebenso eine Brevier-Spende der Kirche. Auch sie war eine große seelische Hilfe. Eine einmalige Kakao- und Wein-Spende der deutschen Bischöfe 1941 freute uns als Zeichen brüderlicher Verbundenheit sehr. Sie zeigte uns, daß wir in der Kirche nicht abgeschrieben und vergessen waren. Für unsere Ernährung hatte sie natürlich wenig Bedeutung. Der Genuß des Weines wurde uns zudem durch eine fast sadistische Art der Auslieferung verdorben.

Von unserem Bistum Meißen sind 11 Priester in Dachau gewesen – das waren fünf Prozent des damaligen Bistumsklerus. (Mindestens 10 Prozent sind außerdem in Gefängnissen und anderen Lagern inhaftiert oder auch länger oder kürzer in Polizeihaft genommen worden.)

Hier muß Dr. Bernhard Wensch, Jugendseelsorger unseres Bistums, verstorben 1942, genannt werden, von dem ich später noch besonders berichten werde. Dann Kaplan Alois Andritzki, der 1943 ermordet wurde (s. o.), und Pfarrer Alois Scholze aus Leutersdorf, der Verfolgten bei der Flucht geholfen hatte. Er starb ebenfalls im Hungerjahr 1942.

oben links: Dr. Bernhard Wensch
oben rechts: Alois Andritzki

Alois Scholze

Außer diesen in Dachau verstorbenen Priestern waren aus unserem Bistum in Dachau:

Alfons Duschak, Kaplan in Dresden-Propstei,
Otto Pies, SJ, Superior in Dresden-Hoheneichen,
Fritz Remy, Pfarrer von Markranstädt,

Johannes Rothe, Kaplan in Altenburg,
Hermann Scheipers, Kaplan in Hubertusburg,
Benno Scholze, Pfarrer von Pirna,
Johannes Ziesch, Pfarrer von Großpostwitz,
Johannes Zimmermann, Kaplan in Freital.

Rund 1000 Priester sind in Dachau umgekommen. Nach *Benedikta Kempner*, „Priester vor Hitlers Tribunalen", sind zwischen 1933 bis 1945 etwa 4000 Priester als Opfer der Hitlerschen Kirchenverfolgung ums Leben gekommen.

Gemeinsam waren wir stark in dem Bewußtsein, für Christus und seine Kirche zu leiden. Dies gab uns die entscheidende Kraft zum Durchhalten. In einem Gespräch darüber, ob wir Aussicht hätten, durch Verhandlungen der Bischöfe frei zu werden, sagte einer von uns: „Lieber wollen wir hierbleiben, als daß sie sich diesem System anpassen und etwa unseretwegen ähnliche Konzessionen machen wie die Deutschen Christen!"

„Deshalb sind wir nicht verzagt, im Gegenteil: Wenn auch unser äußerer Mensch aufgerieben wird, so erneuert sich doch unser innerer von Tag zu Tag. Denn unsere augenblickliche geringfügige Trübsal erwirkt uns eine von Fülle zu Fülle anwachsende, alles überwiegende, ewige Herrlichkeit, da wir den Blick nicht auf das Sichtbare, sondern auf das Unsichtbare richten. Denn das Sichtbare ist vergänglich, das Unsichtbare dagegen ewig." (2 Kor 4,16-18)

Die evangelischen Mitbrüder hatten es ungleich schwerer als wir, weil sie nicht wie wir den Rückhalt an der großen einigen Kirche hatten, die auch fast ausnahmslos einig war in der Opposition zum Nationalsozialismus. Die Tradition der evangelischen Kirchen war ja seit Jahrhunderten landeskirchlich orientiert; die „Obrigkeit" galt als von Gott eingesetzt. Der Nationalsozialismus brachte den Evangelischen nun die Spaltung. Es gab die Hitler zuströmenden „Deutschen Christen", die „Reichskirche" mit „Reichsbischof" Müller an der Spitze – und, zahlenmäßig weit geringer, aber an innerer Kraft ungleich stärker, die „Bekennende Kirche", die mutig den christlichen Glauben über den Gehorsam gegenüber dem Staat stellte. Entsprechend war das prozentuale Verhältnis der Konfessionen unter den Geistlichen in Dachau.

Ich war auf der einzigen Stube, in der auch die verhältnismäßig wenigen evangelischen Pfarrer untergebracht waren, und sah deutlich, daß sie praktisch Einzelkämpfer ohne Rückhalt an ihrer Kirche waren und dazu noch wegen ihrer Familien besonders schwer unter der Haft litten. Ich erinnere mich an ein Erlebnis im Leipziger Polizeigefängnis, das ich an dieser Stelle einfügen will:

Ein evangelischer Pfarrer aus Leipzig war vorübergehend mein Zellengenosse. Wegen „Kanzelmißbrauchs" war er gerichtlich zu neun Monaten Gefängnis verurteilt gewesen.

Nach Abbüßung der Strafe stand seine Frau mit den Kindern am Tor des Gerichtsgefängnisses, um den Vater abzuholen. Vor den Augen der Familie aber nahm die Gestapo ihn erneut in Haft und brachte ihn wieder ins Polizeigefängnis – zu mir in die Zelle. Jetzt drohte ihm die Einlieferung in ein KZ, und er war völlig gebrochen. Er war so verzweifelt, wie es nach meiner Meinung ein Jünger Christi in dieser Situation gar nicht sein dürfte. Schließlich wagte ich zu sagen, er müsse doch bei seiner Ordination als Pfarrer gewußt haben, daß so etwas passieren könne; das stünde doch deutlich im Evangelium. Er schaute mich entsetzt an: „Sie haben gut reden, Sie haben keine Frau und keine Kinder!" – und nach einer Pause des Schweigens: „Ja, eigentlich bewährt sich jetzt bei Ihnen der Zölibat." Daran mußte ich später oft denken.

Wir haben natürlich in Dachau trotz aller Verbote immer versucht, den Auftrag unseres Berufs zu erfüllen, wo es nur möglich war. Die Absonderung im Priesterblock verhinderte nicht Kontakte mit den anderen; vor allem waren sie in den Arbeitskommandos möglich oder in der Freizeit auf der Lagerstraße. Beichthören war verboten und wurde streng bestraft. So geschah es heimlich und getarnt. Laien durften die Kapelle nicht betreten; es konnten aber doch oft einige in der großen Schar untertauchen. Die hl. Kommunion brachten wir heraus, ohne daß es jemals entdeckt wurde. Besonders im Krankenrevier war viel seelsorgliche Tätigkeit nötig und möglich.

1944/45 kamen laufend und massenhaft neue Transporte an, für die es keine Unterbringungsmöglichkeiten mehr gab. Viele sind, völlig entkräftet, auf der Lagerstraße einfach umgekommen. Damals bildeten wir Priestergruppen, die Französisch, Russisch, Polnisch sprachen und die in dem großen Durcheinander der Menschenmassen den Verzweifelten und Sterbenden geistlich beistehen konnten; die SS war schon ganz und gar überfordert und kümmerte sich um diese Dinge nicht mehr.

Ein beispielhaftes Lebensopfer in der Nachfolge Christi brachte im Januar 1945 Pater Engelmar Unzeitig. Er gehörte der Marianhiller Missionsgesellschaft an und stammte aus dem Sudetenland. Der Krieg neigte sich seinem schrecklichen Ende zu. Da brach Flecktyphus im Lager aus. In aller Eile wurden Isolierbaracken eingerichtet. Wegen einer leichteren Infektion war ich zwei Tage dort. Die Situation war fürchterlich und nicht zu beschreiben: Es wimmelte von Läusen und Wanzen – und die Kranken in 3-Stock-Betten! Bei Flecktyphus!

Sonst war es eines der begehrtesten Arbeitskommandos, Pfleger im Krankenrevier zu sein; es war die Domäne der kommunistischen Gefangenenprominenz, ihr lang-

Pater Engelmar Unzeitig CMM

erworbenes Recht. Jetzt aber war niemand zu bewegen, in die Flecktyphusbaracken zu gehen. Man brauchte ja nur von einer einzigen der unzähligen Läuse gestochen zu werden – und war schon sicherer Todeskandidat.

Da fielen der politischen Abteilung die „Pfaffen" ein: „Wer meldet sich freiwillig zur Pflege der Flecktyphuskranken?" – Was diese Frage konkret bedeutete – gerade zu diesem Zeitpunkt! –, kann man sich heute wohl kaum vorstellen. Nach den langen KZ-Jahren hofften wir nun endlich auf die Befreiung. Es war ja 5 Minuten vor 12! Man hörte schon die Artillerie der Amerikaner. Die natürliche menschliche Reaktion war: „Hauptsache, *ich* komme hier noch lebendig heraus! Soll ich noch einmal in sichere Lebensgefahr gehen – und für ganz fremde Leute – die sind sowieso nicht zu retten" usw. Für Pater Unzeitig gab es keine Bedenken. Er meldete sich und mit ihm noch etwa 25 andere Priester. Er starb kurz vor der Befreiung des Lagers. Man kann ihn sicher in eine Reihe stellen mit P. Maximilian Kolbe, der im Hungerbunker

Pater Engelmar Unzeitig im KZ Dachau
Glasfenster in Glöckelberg (Tschechien 1992), seiner letzten Wir-
kungsstätte

von Auschwitz für einen Familienvater sein Leben geopfert hat.

„Der Gerechte wird, auch wenn er vorzeitig stirbt, in Gottes Ruhe sein. Denn ein ehrenvolles Alter ist nicht das eines langen Lebens. Es wird nicht nach der Zahl der Jahre gemessen.
Er war Gott wohlgefällig und wurde von ihm geliebt, und weil er mitten unter Sündern lebte, wurde er entrückt. Wer früh zur Vollendung reifte, hat lange Zeiten ausgefüllt. Der Herr hatte an seiner Seele Wohlgefallen, darum eilte sie aus der Mitte der Gottlosigkeit hinweg.“ (Weish 4,7-14)

Invalidentransporte

1942 wurde – nach der berüchtigten „Wannsee-Konferenz“, auf der am 20. Januar 1942 die „Endlösung der Judenfrage“ beschlossen wurde – der sogenannte Invalidenblock eingerichtet, ein eigener Bereich, der innerhalb des Lagers nochmals mit Stacheldraht eingezäunt war. Bereits im Oktober 1939 hatte Hitler – völlig geheim – die Euthanasie im damaligen Deutschen Reich eingeführt, um „unheilbar Kranken den Gnadentod zu gewähren“. Sie wurde in sechs getarnten Anstalten praktiziert. Ab 1942 wurden auch arbeitsunfähige KZ-Häftlinge in dieses System einbezogen und zum „lebensunwerten Leben“ erklärt. Nun wurden Kranke und sehr Schwache aus dem Lager, bei denen Genesung und Stärkung bis zur Arbeitsfähigkeit nicht mehr zu erwarten waren, im „Invalidenblock“ abgesondert. Im Januar 1942 ist der erste Priester, Pfarrer Karas aus Wien, vergast worden.

Wöchentlich wurde ein Lastwagen voller solcher Todeskandidaten in die nächstgelegene Vergasungsanstalt abtransportiert. Das war Schloß Hartheim bei Linz/Österreich. In dem unter Kaiser Franz-Josef als Debilen-Pflegeanstalt eingerichteten Renaissance-Schloß war eine kleine (im Vergleich zu Auschwitz) Vergasungsanlage installiert worden. So gab es die Kranken der ursprünglichen Pflegeanstalt schon nicht mehr, als die Transporte aus Dachau dorthin zu rollen begannen. Im Schloß Hartheim ist die Vergasungsanlage heute noch zu sehen: ein Eckraum, in dem die Unglücklichen gesammelt wurden, mit Abschub in die „Dusche" und Weiterführung in den Verbrennungsofen. Der erste Raum ist als Gedenkstätte eingerichtet. (1942 war ich für den Todestransport dorthin schon bestimmt – darüber später –, nach 40 Jahren hatte ich Gelegenheit, Schloß Hartheim zu sehen und in diesem Raum die hl. Messe zu feiern. Siehe Bild S. 53.)

Allein im Jahre 1942 wurden durch diese Invalidentransporte 3166 Häftlinge, darunter 336 Priester, von Dachau nach Hartheim überstellt. Zuerst wußten wir nicht, was mit den Abtransportierten geschah. Als aber regelmäßig nach einer gewissen Frist die Kleider zurückkamen, tauchte der Verdacht auf, daß sie getötet worden seien. Vollständige Gewißheit erhielten wir durch die Angehörigen eines Priesters, die auf unsere brieflichen Fragen nach einem Vergasten erstaunt zurückfragten, ob wir denn nicht wüßten, daß er an Kreislauf- oder Herzversagen in Dachau gestorben sei. Später erfuhren wir von Mitgefangenen, die auf der politischen Abteilung arbeiteten, daß dort die Todesmeldungen an die Angehörigen verfaßt wurden und dabei Todesursachen nach einem variablen Schema erfunden wurden, um den Eindruck zu erwecken, die Ermordeten seien in Dachau gestorben.

1943 wurde in Dachau auch mit dem Bau einer eigenen Gaskammer begonnen, wobei ein mir befreundeter Kaplan als Maurer eingesetzt war. Von ihm weiß ich, daß

Hartheim, der Name dieses Schlosses steht für rund 30000 vergaste Menschen.

Nur Gott weiß um ihre schrecklichen Schicksalswege. Als sie herausgerissen wurden aus der Geborgenheit ihres Heimatlandes, aus Familie und Beruf, hinein in die Hölle des Konzentrationslagers, in die Not der Krankheit und Invalidität.

Hier war nun die Endstation, hier fand die Hinrichtung statt durch die Mordgehilfen Hitlers. Hier war die Vernichtungswut der Nazis zur Perfektion gebracht durch den staatlich sanktionierten Mord.

„Was ihr dem Geringsten meiner Brüder tut, das tut ihr mir", versichert uns Jesus im Evangelium. Er identifiziert sich mit allen, die Opfer der Unmenschlichkeit werden.

Hier durchlitt er Todesängste, hier schrie er zum Vater: „Mein Gott, warum hast du mich verlassen?", hier wurde er Sieger durch Annahme des Lebensopfers: victor quia victima – Sieger durch seinen Opfertod. Darum steht auch mit Recht auf der Gedenktafel für unsere dort Ermordeten: victores quia victimae – Sie wurden Sieger, weil sie geopfert wurden.

der Fortgang des Baues durch fehlerhafte Arbeitsleistungen bewußt sabotiert wurde. So ist die Vergasungsanlage erst am Kriegsende fertiggestellt worden und konnte nicht mehr in Betrieb genommen werden.

Im Krankenrevier gab es außerdem verschiedene Stationen für medizinische Versuche, z. B. für Malaria- und Phlegmoneversuche. Menschliches „Testmaterial" war ja reichlich vorhanden. Dazu wurde meist die polnische Intelligenz bestimmt, einschließlich Priester. Sie auszurotten, gehörte zum NS-Programm.

Systematisch sollte das polnische Volk auf ein Arbeitssklaven-Volk im „großen Deutschen Reich" der Zukunft reduziert werden.

Medizinische Versuche

Dann gab es noch eine geheime, dem Krankenrevier angeschlossene Versuchsstation der Luftwaffe, in die ich auf gefährliche Weise Einblick bekam. Völlig willkürlich war ich mit einigen anderen von der Lagerstraße weg in diese uns unbekannte Abteilung geholt worden. Zuerst staunten wir über die dortige Verpflegung. Was wir seit Jahren nicht mehr gesehen hatten, gab es in Fülle: Milch, Eier, Butter und Fleisch. Wir brauchten auch nicht zu arbeiten. (Ich mußte nur einmal Luftwaffenuniformen mit Schwimmwesten von einem Lastwagen abladen.) Freuen konnten wir uns darüber kaum, denn wir ahnten natürlich, daß nichts geschenkt wurde.

Der Kapo, ein tschechischer Student, interessierte sich für mich und fragte nach Beruf und Nationalität; meine Fragen durfte er aber nicht beantworten; ich wollte ja wissen, was hier los war. Einem Luftwaffenoffizier, der von auswärts zur Kontrolle der Station erschien, meldete der Student, daß ein reichsdeutscher Priester unter den Versuchspersonen sei. Der Offizier ließ mich kommen, fragte nach meinem Beruf und dem Grund meiner Verhaftung und sagte dann zum Kapo: „Ab, kommt nicht in Frage." Das war meine Rettung, denn ein jugoslawischer „Hausel", der dort saubermachen mußte, sagte mir beim Abschied in gebrochenem Deutsch: „Danken Sie der Himmelsmutter Maria, daß Sie hier rauskommen", und der Kapo flüsterte mir zu: „Trauern Sie nicht den Zulagen nach, seien Sie froh, daß Sie hier herauskommen. Mehr kann ich nicht sagen." Leider habe ich den Tschechen, der mich da gerettet hat, nie wiedergesehen; er bleibt mir aber unvergeßlich. Später erfuhr ich noch folgendes: Durch die Zulagen sollten aus körperlichen Wracks erst einmal wieder normale Menschen gemacht werden, und zwar für zwei Arten von Versuchen:

1. Man wurde in einen Kasten eingeschlossen, aus dem langsam Luft herausgepumpt wurde, um zu testen, wie lange ein Mensch bei verdünnter Luft am Leben bleibt.

2. Man wurde in Fliegeruniform und Schwimmweste in ein mit Eiswasser gefülltes Becken geworfen und mußte solange schwimmen, bis man bewußtlos wurde und erstarrte. (Das Becken habe ich gesehen, es hatte eine Fläche von etwa 8 Quadratmetern und war ungefähr 2,5 m tief.)

Zum Test gehörten Wiederbelebungsversuche. Ob sie Erfolg hatten oder nicht, war im Einzelfall dort natürlich nur von wissenschaftlichem Interesse.*

1942 ist das schlimmste Jahr für uns gewesen. Nicht nur alle durch die Kirche erreichten Erleichterungen wurden nach und nach gestrichen; auch die Verpflegung wurde immer schlechter und weniger; die Schikanen mehrten sich, besonders für die polnischen Priester, und damals begannen ja auch die Vergasungen. In diesem Jahr gab es die meisten Todesopfer unter uns.

„Er wurde mißhandelt und niedergedrückt, aber er tat seinen Mund nicht auf. Wie ein Lamm, das man zur Schlachtbank führt, wie ein Schaf vor dem Scherer verstummt, öffnet er nicht seinen Mund. Durch Gewalt und Gericht ward er ergriffen, wer kümmert sich um seinen Rechtsfall? Er ward herausgerissen aus dem Land der Lebendigen. Unserer Sün-

---

* Nach einem Bericht von Untersturmführer Dr. Sigmund Rascher, dem Leiter der „Luftwaffenversuchsabteilung", war die bei den VP (= Versuchspersonen) erreichte tiefste Körpertemperatur 19 Grad. Die meisten VP starben aber schon bei einer Körpertemperatur von 25 oder 26 Grad. Die Wiederbelebungsversuche geschahen durch Höhensonne, heißes Wasser, Elektrotherapie oder Körperwärme, wozu man Frauen aus dem Frauen-KZ Ravensbrück nach Dachau geholt hatte.

den *wegen ward er zu Tode getroffen. Bei Verbrechern be-*
stimmte man sein Grab." (Jes 53,7-9)

Die Wende 1943 – Paketerlaubnis

Dagegen änderte sich 1943 die Behandlung der Gefangenen durch die SS fast schlagartig. Bis dahin stand die
„Umerziehung" des Gefangenen durch Terror und Einzel-
schikanen im Vordergrund, wobei der Willkür einzelner
sadistischer SS-Leute keine Schranken gesetzt waren. „Ehrlos, wehrlos, rechtlos" (Dem Kaplan Andreas Rieser aus
Tirol wurde z. B. während der Arbeit auf Befehl eines SS-
Mannes durch einen Juden eine Dornenkrone aus Stacheldraht auf den Kopf gedrückt – ein Höhepunkt an
Bosheit und Blasphemie. – Kaplan Alois Andritzki, durch
Typhuserkrankung dem Tode nahe, hatte im Revier versucht, einen Priester zu bekommen, der ihm die Sakra-
mente spenden konnte. Das war für den kirchenfeindlichen Kapo der Anlaß, ihn durch eine Spritze zu töten.)
  1943 kam die große Wende. – Jetzt galten die KZ als
Arbeitslager. Die neue Devise war: „Alle Arbeitskraft für
den Sieg!" Von dieser Zeit an vermehrte sich laufend die
Zahl älterer, in die SS gezwungener Wachposten, die uns
nur bewachten und sich sonst nicht viel um uns kümmer-
ten. Einen älteren, sächsisch sprechenden SS-Mann fragte
ich auf einem Sonderarbeitskommando, woher er sei. Gespräche waren verboten; aber er freute sich, daß ich seinen Heimatort kannte, und steckte mir ein Stück Brot aus
seinem Brotbeutel zu. Er stammte aus Hohenwussen (Pfarrei Hubertusburg), wo ich drei Jahre lang Religionsunterricht gehalten hatte.

Das größte Ereignis im Zuge der Veränderung im Jahre 1943 war die Paketerlaubnis – für den größten Teil des Lagers die Lebensrettung. Es hieß damals, sie sei von den Alliierten durch die Drohung erzwungen worden, die deutschen Kriegsgefangenen genau so zu behandeln wie die Häftlinge in den deutschen KZ. Wahrscheinlich aber ist es richtiger, unsere verbesserte Behandlung im Zusammenhang mit der verschlechterten Kriegslage zu sehen. Wir sollten ja nun nicht mehr durch qualvolle, übermäßige Zwangsarbeit vernichtet werden, sondern unsere Arbeitskräfte wurden dringend gebraucht. Die Ausländer erhielten genormte Rot-Kreuz-Päckchen; wir Deutschen aber konnten unbeschränkt von unseren Angehörigen Lebensmittel-Pakete erhalten. (Wir ahnten natürlich nicht, unter welch großen Opfern die meisten Familien diese Pakete zusammenbrachten ...) Ganz gewiß wären mindestens 80 Prozent der Priester, die überlebt haben, noch zwischen 1943 und 1945 verhungert, wenn diese Erlaubnis nicht gekommen wäre. Denn der größte Teil der Priester hatte ja die schlechtesten Arbeitskommandos: keine „Brotzeit" auf der Plantage usw. Die Paketerlaubnis hat uns nicht nur wegen der Zubußen zur Ernährung das Leben erleichtert, sondern auch, weil wir nun viele Dinge organisieren konnten, an die vorher nicht zu denken war: Es konnten Bücher, sogar Musikinstrumente, und vor allem Medikamente für die Kranken geschickt werden. (Auch die Kleidungsausstattung für meine Flucht 1945 konnte ich nur mit Hilfe der Pakete organisieren.) Überhaupt wurden wir im „Organisieren" Meister. Dafür ein kleines Beispiel: Ich war 1943 mit Bauchtyphus im Krankenrevier, und neben mir lag ein 15jähriger Russe aus Schitomir (Wir hatten einige 100 Russenkinder – von acht Jahren an!). Als wir die Krankheit überwunden hatten und wieder essen konnten, bekam er natürlich auch seinen Anteil an meinem Paket. Später wollte er, der als Russe nie ein Paket bekam, sich dankbar erweisen und bot mir an, Lederschuhe für mich zu organisieren. Das Tragen von Lederschuhen war aber nur Kapos und Blockpersonal erlaubt – und später nur mit einem Schuhausweis („Häftling Nr. ... ist berechtigt, im Lager Lederschuhe zu tragen"), wenn man solche im Paket von den Angehörigen erhalten hatte. So hätte ich also mit den Schuhen gar nichts anfangen können und sagte das auch meinem kleinen Russen. Trotzdem erschien er eines Abends im Dunkeln am Tor der Priesterbaracken, drückte mir ein Paar Lederschuhe – gestohlen in der SS-Kammer – in die Hand und war weg. Ich mußte die Schuhe erst einmal verstecken und überlegen, wie ich sie mir offiziell aneignen könne. Ankommende Pakete wurden morgens im Schlafraum eingeschlossen und abends durch einen SS-Mann kontrolliert und ausgegeben. In der Hoffnung auf ein Paket stieg ich in einer Mittagspause durchs Fenster, das ich am Morgen nur angedrückt hatte, in den Schlafraum ein – und hatte in jeder Hinsicht Glück: Ich wurde nicht erwischt und fand auch ein Paket für mich. Rasch aufgemacht, Lebensmittel heraus und versteckt, Schuhe hinein, wieder zu. Am Abend bekam ich durch den kontrollierenden SS-Mann den Ausweis und war offizieller Besitzer der gestohlenen Schuhe.

Kontakte mit der Welt außerhalb des Lagers gab es normalerweise nur durch Briefe, die wir 14tägig an unsere Angehörigen absenden bzw. von ihnen erhalten durften. Natürlich gingen sie durch die Zensur, und sehr oft waren Stellen herausgeschnitten.

Aus dem „Völkischen Beobachter" konnten wir nur zwischen den Zeilen lesend entnehmen, daß die großen Siege der Deutschen vorüber waren, und unsere Hoffnung auf ein Ende des Krieges nahm zu.

Außerdem drangen Radionachrichten über die Kriegslage bis zu uns durch, wenn Gefangene als „Haussklaven"
in Wohnungen von SS-Offizieren während ihrer gelegentlich unbeaufsichtigten Arbeit unter Lebensgefahr Aus-
landssender abhörten. Sie gaben übrigens solche Informationen nur an uns Priester weiter, weil sie zu uns das
Vertrauen hatten, daß wir sie nicht denunzieren würden.

Auf dem Invalidenblock – meine Begegnungen mit Dr. Bernhard Wensch und Karl Leisner

Immer wieder gingen die schrecklichen Transporte vom
Invalidenblock aus nach Hartheim. Es war für uns alle,
die wir dort eingesperrt waren, furchtbar beklemmend,
wenn der Kurier von der politischen Abteilung mit der
Liste kam und die Namen verlas. Trotzdem konnten die
Todeskandidaten ihrem Schicksal gefaßt entgegensehen,
denn der belgische Pater de Conink SJ hat sie damals
durch Exerzitien auf ihre Ermordung in der Gaskammer
vorbereitet. Nie vergesse ich, wie der Priester Johannes
Esch, Chefredakteur der Zeitung „Luxemburger Wort",
drei Tage vor meiner Rettung zum Transport aufgerufen
wurde, und sich von mir verabschiedete mit den Worten:
„Wir fahren in den Himmel!" Es war die schwerste Zeit
meiner ganzen Haft, als ich dort auf meine Hinrichtung
warten mußte. In diesen Wochen begegnete ich zwei Menschen, die auf mich wie direkte Boten Gottes wirkten: Dr.
Bernhard Wensch und Karl Leisner. Dr. Wensch aus unserem Bistum habe ich schon erwähnt; Karl Leisner war ein

*Der Diakon
Karl Leisner*

junger Diakon aus dem Bistum Münster, über dessen einzigartige Priesterweihe ich später noch eigens zu berichten habe.

Eines Abends kam Dr. Wensch heimlich in der Dunkelheit an den Stacheldraht des Invalidenblocks und brachte mir das Kostbarste, das er verschenken konnte – seine Brotration für den Tag, das waren etwa vier Scheiben Brot. Wer in seinem Leben schon einmal wochen- oder monatelang praktisch von Wassersuppen leben mußte, weiß, was das bedeutete. Ich hätte damals dieses Brot nicht annehmen dürfen; aber ich ahnte nicht, wie schlimm es um meinen Mitbruder stand. Er litt an schrecklichem Durchfall und schenkte mir sein Brot, das einzige, was er in seinem Zustand noch essen konnte. – Er schenkte damit buchstäblich sich selbst; denn wenige Tage darauf kam er, von Hunger geschwächt, ins Krankenrevier und starb. Nie kann ich diese Tat reiner Liebe vergessen. Sie steht für mich in direktem Zusammenhang mit dem, was Christus für uns tat in seiner Hingabe am Abend vor seinem Tod.

„Jesus wußte, daß seine Stunde gekommen war, um aus dieser Welt zum Vater hinüberzugehen. Da er die Seinen, die in der Welt waren, liebte, erwies er ihnen seine Liebe bis zur Vollendung." (Joh 13,1) „Denn ich habe vom Herrn empfangen, was ich euch dann überliefert habe: Jesus, der Herr, nahm in der Nacht, in der er ausgeliefert wurde, Brot, sprach das Dankgebet, brach das Brot und sagte: Das ist mein Leib – für euch. Tut dies zu meinem Gedächtnis." (1 Kor 11,23-24) „Eine größere Liebe hat niemand, als wer sein Leben hingibt für seine Freunde."

Am nächsten Tag konnte Dr. Wensch schon vor Schwäche nicht mehr kommen; aber er schickte mir durch Karl Leisner das wahre Brot des Lebens, Christus den Herrn, verborgen in einer Tablettenschachtel. Einige Juden, die auf dem Weg von Buchenwald zur Vergasung nur kurz in Dachau waren, standen dabei Schmiere. Keiner von diesen Todgeweihten ahnte, daß mir da durch den Stacheldraht hindurch die heilige Kommunion gereicht wurde.

Bernhard Wensch hatte seinen Platz in meiner Stube am Nebentisch von Karl L. Sicher haben die beiden über meine aussichtslose Situation gesprochen, und Karl übernahm gern den gefährlichen Gang am Abend, um mir den Leib des Herrn zu bringen – wie alle glaubten, zum letzten Mal vor meinem Abtransport zur Vergasung.

In dieser Zeit des Wartens auf die Gaskammer begegne ich ein zweites Mal Karl Leisner. Wir Invaliden wurden zum Bad geführt, ein trauriger Zug ausgemergelter Gestalten, die sich zum Teil kaum noch vorwärts bewegen konnten. Während sich die Arbeitskommandos in den Werkstätten und auf der Plantage aufhielten, waren die

Lagerstraße und der Appellplatz leer. Karl steht mit ein oder zwei Gefangenen in der Nähe des Krankenreviers. Als er mich im Zug entdeckt, löst er sich aus der Gruppe, kommt auf mich zu und begleitet mich fünf oder zehn Meter. Auch das war für ihn schon gefährlich. Er flüstert mir zu: „Denk an die drei Jünglinge im Feuerofen."

Mit diesem Wort wollte er mir sagen, wie er dies ganze furchtbare Geschehen im Licht des Glaubens sah: Das Buch Daniel erzählt, wie König Nebukadnezar von Babylon von allen Untertanen verlangt, sein goldenes Standbild anzubeten. Drei junge Männer verweigern das und werden in den Feuerofen geworfen. Gott aber schickt seinen Engel, der bewirkt, daß sie in den Flammen unversehrt bleiben und nun Gott den Lobpreis singen.

Karl wollte mir offenbar damals sagen: Hab keine Angst. Du bist jetzt zum Feuer verurteilt, aber Gott vermag doch alles. So wie er einst seine Getreuen aus dem Feuerofen des Königs von Babylon errettet hat, kann er auch dich vor dem Feuerofen der Gaskammer retten, und so wie ihnen kann er auch dir seinen rettenden Engel schicken. – Er hat es getan! – Der rettende Engel war meine Zwillingsschwester, die, auf wunderbare Weise über das mir drohende Schicksal informiert, durch ihre mutige Intervention beim Reichssicherheitshauptamt in Berlin nicht nur mich vor dem Tod in der Gaskammer errettet, sondern auch alle noch nicht vergasten Priester vor diesem Schicksal bewahrt hat.

„Sitten bliewen!"
(„Sitzen bleiben!")

(Unter diesem Stichwort in plattdeutscher Sprache beschreibt ein Mitarbeiter der Ochtruper Heimatblätter die Intervention meiner Schwester beim Reichssicherheitshauptamt in Berlin nach einem Zeitzeugengespräch mit ihr. Es war das entscheidende Wort, das mein Leben rettete. – Hier sein Beitrag mit geringfügigen Änderungen.)

Die schlimmste Erfahrung während meiner Dachauer KZ-Zeit verbindet sich mit dem Wort „Invalidenblock".

Im Juli 1942 kam ich nach einem Schwächeanfall auf dem Appellplatz ins Krankenrevier. Ich hatte die Hoffnung, mich ein oder zwei Tage dort ausruhen zu können, denn die Diagnose lautete nur: „Allgemeine Körperschwäche". Aber ein SS-Arzt überwies mich gerade deswegen sofort in den Invalidenblock. Der Tag meiner Einweisung war auch der Tag, an dem monatlich an Angehörige geschrieben werden durfte. In meinem Brief nach Ochtrup schrieb ich den Satz: „Hat Hedwig schon ihre Hochzeit gefeiert?" Dies war das Geheimwort, welches ich einige Monate zuvor meinem Bruder Josef mitgegeben hatte, der während eines Wehrmachtsurlaubs vergeblich versucht hatte, mich in Dachau zu besuchen. Er konnte mich aber am Zaun der SS-Plantage – meiner gewöhnlichen Arbeitsstätte – unbeobachtet treffen, und ich warf ihm meine an einen Stein gebundene Information mit dem Losungswort in einem günstigen Moment zu. Es bedeutete: „Höchste Lebensgefahr!"

Mein Brief mit dem Geheimwort, der unbeanstandet durch die Zensurstelle gegangen war, steigerte die in unserer Familie schon vorher ständig herrschende Angst und Sorge meinetwegen auf das Äußerste. Hinzu kam, daß

63

einige Tage später die weitere deprimierende Nachricht in Ochtrup eintraf, die mein Rheiner Mitschüler, ebenfalls Häftling in Dachau, Pfarrer Heinrich Kötter, seinen in Ibbenbüren-Laggenbeck wohnenden Eltern geschrieben hatte, daß es mit „Männe" (mein Spitzname) „wohl zu Ende gehe". Alle waren ratlos und wie gelähmt. Mit einer Ausnahme! Diese Ausnahme war Anna, meine Zwillingsschwester. Nie zuvor war es vorgekommen, daß ein Häftling, der einmal im Invalidenblock war, von dort wieder herausgekommen wäre. Bei mir geschah es. Das aber verdanke ich nach Gott in erster Linie meiner Schwester Anna. Auch in dieser damals so ausweglos erscheinenden Situation konnte sie nicht aufgeben. Unbeirrbar glaubte sie an eine Rettungsmöglichkeit. Sie wagte alles und gewann alles!

„Um jene Zeit ließ der König Herodes einige aus der Gemeinde verhaften und mißhandeln. Jakobus, den Bruder des Johannes, ließ er mit dem Schwert hinrichten. Als er sah, daß dies den Juden gefiel, ließ er auch Petrus festnehmen. Er beabsichtigte, ihn nach dem Paschafest dem Volk vorführen zu lassen. Petrus wurde also im Gefängnis bewacht. Die Gemeinde aber betete ohne Unterlaß für ihn zu Gott." (Apg 12)

a) Der Besuch meiner Schwester im Leipziger Gefängnis

Schon im Oktober 1940, als meine Schwester von meiner Verhaftung durch die Gestapo erfuhr, gab es bei ihr kein langes Überlegen. Obwohl äußerlich weit entfernt, spürte sie deutlich meine Gefühle der Angst und Not. Sie wollte und mußte in meiner Nähe sein. Zusammen mit einer treuen Freundin machte sie sich gleich auf den Weg nach Leipzig. Hier angekommen, verschaffte sie sich mit fraulicher „List und Tücke" (und sicherlich viel Glück) bei einer günstigen Gelegenheit den unkontrollierten (!) Eingang in das Polizeipräsidium, gelangte bis zu einer Tür, hinter der sie den Bruder vermutete, schaute durch das Schlüsselloch und sah ihn tatsächlich dort stehen. Der Besuch war streng verboten; dennoch versuchte sie es in den nächsten Tagen immer wieder; natürlich vergeblich. Aber sie kam mit dem Wachpersonal ins Gespräch und spürte deutlich, daß diese Leute auf die Gestapo, als berufliche Konkurrenz, schlecht zu sprechen waren.

Auch zur Gestapo selbst hatte sie sich mit Angst und Zagen hingewagt. Aber als sie an der Eingangstür ihr Anliegen vortrug, ließ man sie gar nicht erst in das Gebäude herein. Dann die unerwartete und ungewollte Hilfe von einem durch ihr ständiges Fragen und Bitten arg genervten Justizbeamten im Präsidium. „Da müssen Sie schon den Herrn Lärritz bei der Gestapo fragen!" flog es ihm heraus, verärgert über die lästige Frage- und Bittstellerin wie auch auf Herrn Lärritz, dessen Namen zu nennen ihm streng verboten war. Nun aber war es heraus, und meine Schwester ahnte: Dies war der Schlüssel für ihre einzige Chance. Die Gestapo verlor dadurch zwar nicht die für sie tödliche Bedrohung, aber sie hatte einen menschlichen Namen bekommen, und mit Menschen konnte sie umgehen.

Wieder steht sie klopfenden Herzens vor der Eingangstür des Gestapogebäudes. Aber dieses Mal verlangt sie ohne Umschweife Auskunft über den Weg zum Dienstzimmer des Herrn Lärritz. Sie bekommt, was sie will: den Eintritt, die Auskunft und dann auch den Mann zu Gesicht, von dem sie weiß, daß er nicht nur das Schicksal ihres Bruders in der Hand hat, sondern auch die Macht besitzt, diese fremde Frau, die es auf unerklärliche Weise geschafft hat, bis zu ihm vorzudringen, für immer mundtot zu machen. Aber Herr Lärritz läßt sie nicht verhaften.

Der Besuch überrascht ihn, ist ihm unangenehm. Möglichst schnell und ohne großes Aufsehen will er die ungewöhnliche Bittstellerin wieder loswerden. Höflich erklärt er ihr, daß sie sich um das weitere Schicksal ihres Bruders keine Sorgen zu machen brauche, es gehe ihm ganz gut. Jedoch aus „zwingenden dienstlichen Gründen" könne er ihr leider die erbetene Besuchererlaubnis nicht geben. Damit sollte das Gespräch beendet sein, aber Anna Scheipers gelingt es, das Gespräch mit diesem gefürchteten Mann in die Länge zu ziehen.

Mit scheinbarem Interesse erkundigt er sich nach ihren persönlichen Verhältnissen und der allgemeinen Situation im Münsterland. Er erzählt beiläufig, daß er selbst schon lange Zeit ihren Bruder beobachtet und verschiedentlich auch seine Predigten angehört habe. Er habe dabei aber, so gibt er freimütig zu, „nichts Anstößiges" gesehen oder gehört. Damit ist das Gespräch nun wirklich zu Ende. Herr Lärritz ahnt nicht, daß die lästige Bittstellerin auch am nächsten und am übernächsten Tag erneut zu ihm kommen wird, sich durch nichts überreden und abweisen läßt und ihm schließlich wörtlich sagt: „Herr Lärritz, jeder Schwerverbrecher bekommt in Deutschland wenigstens einmal im Monat eine Besuchererlaubnis, warum mein Bruder nicht?!" Daraufhin, so erzählte meine Schwester später, nahm Herr Lärritz seinen Mantel und forderte sie auf, mitzukommen. Sie wußte nicht, was nun geschehen würde. Der Weg ging zum Polizeipräsidium. Wir durften uns im Beisein des Herrn Lärritz eine Zeitlang unterhalten. Das, was dieser nicht hören sollte, wurde schnell in Plattdeutsch gesprochen. Als Lärritz das merkte, schimpfte er über das „Kauderwelsch" und beendete das Gespräch. Aber meine Schwester konnte erleichtert nach Hause zurückfahren und die Angehörigen, besonders die Eltern, beruhigen.

66

b) Die Rettungsaktion beim Reichssicherheitshauptamt

Sobald Anna im Juli 1942 meine Hiobsbotschaft aus Dachau gelesen und mit dem Vater des Mithäftlings Kötter gesprochen hatte, war ihr klar, daß, wenn überhaupt, nur ein sofortiges Handeln noch Rettung bringen konnte. Aber was tun?

Auf dem Zettel, den ich seinerzeit meinem Bruder Josef zugeworfen hatte, stand: Falls in meinem offiziellen Brief das Codewort mit der „Schwester Hedwig" als Hinweis auf höchste Lebensgefahr auftauche, sollte mir doch bitte sofort jemand einen Zivilanzug, Geld, falsche Papiere, eine scharfe Zange und möglichst auch ein Fahrrad an den Plantagenzaun bringen. Realistisch gesehen, eine aberwitzige Bitte, aber so hatte ich tatsächlich geschrieben. Meine Schwester war zwar von der Aussichtslosigkeit eines solchen Unterfangens überzeugt. Sie wollte aber den in großer Gefahr befindlichen Bruder nicht enttäuschen. Sie besorgte die Sachen, fuhr mit einer Freundin nach Dachau und versuchte, so unauffällig wie möglich, mich an der von meinem Bruder bezeichneten Stelle am Plantagenzaun zu treffen. Die Voraussetzung für den Fluchtplan war aber nicht mehr gegeben. Als „arbeitsunfähiger Invalide" konnte ich nicht mit dem Arbeitskommando „Plantage" ausrücken. Als zudem gegenüber der geplanten Fluchtstelle Soldaten die Stellung für eine Flak-Batterie bauten – sie hätten mich sicher beim Ausbruch gesehen –, gab ich auf. Meiner Schwester konnte ich nur noch Abschiedsgrüße ausrichten lassen. Zum ersten und einzigen Mal gab ich mich verloren und war davon überzeugt, daß nun auch ich – wie viele meiner Leidensgenossen – das Opfer des Lebens bringen müsse.

Aber diese „Rechnung mit dem Himmel" hatte ich ohne meine Schwester Anna gemacht. Auf der Rückfahrt im Zug von Dachau nach Münster zermarterte sie ihr Gehirn. Irgendeine Rettungsmöglichkeit mußte es doch geben! Dann kam es wie eine Erleuchtung. Das Zauberwort hieß „Lärritz". Diesen Mann hatte sie schon fast vergessen. Aber er hatte ihr, wenn auch widerwillig, damals geholfen. Er allein, so wußte sie plötzlich sicher, konnte auch jetzt helfen.

Wie es ihr dann – wieder in Ochtrup angekommen – gelang, meinen sehr nüchtern denkenden Vater zu bewegen, mit ihr schon am nächsten Tag nach Leipzig zu fahren, ist meiner Schwester noch heute ein Rätsel. Denn nach menschlichem Ermessen konnte diese Fahrt nur genauso ergebnislos enden wie ihre Reise nach Dachau.

Und so schien es auch. In Leipzig trafen mein Vater und seine Tochter auf einen sehr ungehaltenen Herrn Lärritz, der meine Schwester gleich wiedererkannte. „Die Fahrt nach Leipzig hätten Sie sich und Ihr Herr Vater sparen können", fauchte er sie barsch an, „ich habe damit nichts mehr zu tun: die Sache liegt beim Sicherheitshauptamt in Berlin."

Damit sollte die Unterredung auch schon beendet sein. Aber eine innere Stimme riet meiner Schwester auch diesmal, nicht sofort, wie deutlich erwünscht, das Zimmer zu verlassen.

Wollte nun Lärritz die unbequemen Gäste möglichst schnell loswerden? Wollte er, so unwahrscheinlich es auch klingt, meiner Schwester wirklich helfen? Oder wollte er, was auch möglich war, seinen Gestapo-Kollegen in Berlin mit diesem Quälgeist aus dem Münsterland einen Schabernack spielen? Man weiß es nicht. Jedenfalls sagte er noch: „Zuständig in Berlin ist Dr. Bernsdorf", und er nennt dessen Adresse, irgendwo in Berlin-Oranienburg. Aber dann, möglicherweise als Versuch, ihr doch noch den Mut zu nehmen, zur Gestapo nach Berlin zu fahren, rief Lärritz meiner Schwester im höhnischen Ton zu: „Auch

Sie, Fräulein Scheipers, werden in Münster von unseren Leuten genau überwacht." Das war für meine Schwester keine Überraschung; sie hatte es schon lange vermutet.

Die beiden fahren nach Berlin und staunen nicht schlecht, als sie in Oranienburg vor einem Haus stehen, das sich durch nichts von den anderen Mietshäusern unterscheidet. Das Namensschild „Dr. Bernsdorf" ist eines von vielen. Vorsichtig versuchen sie, mit anderen Bewohnern des Hauses ins Gespräch zu kommen, und finden heraus, daß keiner von ihnen auch nur die geringste Ahnung davon hat, daß sich hinter dem Namen „Dr. Bernsdorf" eine Zweigstelle des Reichssicherheitshauptamtes verbirgt.

Bernsdorf zeigt sich über den Besuch aus dem Münsterland überrascht; aber sein Benehmen ist zuvorkommend, höflich, korrekt. Ohne alle Umschweife gibt er zu, daß er in Berlin der für die im KZ Dachau inhaftierten Priester zuständige Mann sei. Ja, er führt die beiden sogar in einen großen Raum, wo offenbar sämtliche Akten aufbewahrt sind, und zeigt sie ihnen. Lächelnd und seiner Sache völlig sicher sagt er, daß ihre Sorge um den Sohn und Bruder wirklich unbegründet und überflüssig sei. Das KZ Dachau sei doch ihr „Vorzeige-KZ". Dort hätten es die Gefangenen vergleichsweise viel besser als anderswo. Freundlich versichert er noch einmal, daß sie wirklich ganz beruhigt nach Hause fahren könnten. Es klang alles überzeugend und glaubhaft. Vater Scheipers, der froh war, daß ihr Besuch bei der Gestapo in Berlin – für viele das Zentrum allen Schreckens – in so angenehmer Atmosphäre und mit einem doch wohl beruhigenden Ergebnis verlaufen war, will schon aufstehen und sich verabschieden. Aber dann hörte er die Stimme seiner Tochter. Sehr leise, aber bestimmt: „Sitten bliewen!"

Anna Scheipers nimmt das Heft des Gespräches in die Hand. Ganz ruhig fragt sie: „Ist Ihnen eigentlich bekannt,

Herr Dr. Bernsdorf, daß es im ganzen Münsterland ein offenes Geheimnis ist, daß im KZ Dachau auch Priester vergast werden?"

Das war ein Schuß ins Ungewisse; aber er traf genau ins Schwarze. Denn zum einen sollte und durfte niemand wissen, daß im KZ Dachau bzw. von diesem KZ aus Transporte zur Vergasung abgingen, und zum anderen war es gerade die Zeit, als die berühmten Predigten des Bischofs von Galen gegen die Tötung bzw. Vergasung des „unwerten Lebens" in aller Munde waren. Die NS-Führung war eifrigst bemüht, alles Geschehene zu vertuschen und alles zu vermeiden, was in der Bevölkerung, insbesondere bei den Soldaten an der Front, als Angriff gegen die Kirche ausgelegt werden könnte.

Der vorher so sicher wirkende Dr. Bernsdorf wird sichtlich nervös und unruhig. Und meine Schwester spürt, daß ihr bei diesem Spiel, bei dem es wirklich um Leben und Tod ging, unerwartet ein entscheidender Trumpf in die Hand gegeben wird. Alle taktischen Raffinessen nutzten dem Herrn Dr. Bernsdorf nicht mehr. Er kann sagen, versichern und beteuern, soviel er will, immer von neuem hört er die stereotype Antwort: „Aber in Münster und im Münsterland sagt man … glauben alle Leute … spricht man überall davon, daß in Dachau …" -

Schließlich gibt er auf. Er geht in einen Nebenraum und spricht mit einem Kollegen. Beide Herren kommen zurück, und einer sagt: „Sie können sich darauf verlassen, Ihrem Bruder wird nichts passieren." Dann der alles entscheidende Schritt: „Das kann doch jeder sagen, ich verlasse diesen Raum nicht eher, bis ich sicher weiß, daß mein Bruder außer jeder Gefahr ist!" Die beiden Herren verständigen sich durch Blicke. Einer von ihnen geht in den Nebenraum und telefoniert, so, daß meine Schwester es hören kann. Es ist ein Gespräch mit der Verwaltung des KZ Dachau. Er kommt zurück und sagt: „Innerhalb von drei Tagen bekommen Sie von Ihrem Bruder die Nachricht, daß es ihm gut geht!"

Damit endlich gibt meine Schwester sich zufrieden. Sie fährt mit dem Vater zurück nach Ochtrup, und wirklich: Wenige Tage später kam die verschleiert überschwengliche Freudenbotschaft aus Dachau. Hermann teilte mit, daß es ihm sehr gut gehe.

Was war geschehen? Am Abend des 13. August 1942 – genau an dem Tag hatte das Gespräch in Berlin stattgefunden – riß ein Kurier der sogenannten „politischen Abteilung" der Lagerverwaltung die Tür unserer Stube im Invalidenblock auf mit dem Ruf: „Die reichsdeutschen Pfaffen müssen hier raus!" Aber nur noch vier konnten den Invalidenblock verlassen; die anderen waren schon ermordet. Die deutschen Priester freuten sich, denn so eine Rückkehr hatte es zuvor noch nicht gegeben.

Jetzt wich auch die lähmende Furcht vor dem Invalidenblock, denn schon lange hatte es keiner mehr gewagt, sich krank zu melden. Lieber waren sie mit hohem Fieber auf Arbeit ausgerückt, um der Gefahr zu entgehen, für die Vergasung ausgesucht zu werden. Die Freude wurde noch größer, als drei Wochen später auch die nichtdeutschen Priester den Invalidenblock verlassen durften. Wir, die Priester in Dachau, blieben auch in der Folgezeit von der Todesmaschinerie des Invalidenblocks verschont.

Bis zum 13. August 1942 waren in Dachau insgesamt 336 Priester zur Vergasung nach Schloß Hartheim abtransportiert worden. Ob sich heute noch einer dieser Märtyrer unseres Glaubens erinnert? Man kann sich ausrechnen, wieviele Priester voraussichtlich bis Ende 1944 ohne das unbeirrbare und tapfere Reden und Handeln meiner Schwester bei der Gestapo in Berlin einen qualvollen Tod noch hätten erleiden müssen. Mit dem Schicksal des Bruders rettete sie auch das seiner Schicksalsgenossen.

Meine Anschrift

Name: _____

geboren am: 24. VII. 1913

Gef.-Nr. 24255 Bl 26/3 Dachau 3 K.

Dachau 3 K, den 16. August 1942.

[handschriftlicher Brieftext]

1285

Der meiner Schwester vom Reichssicherheitshauptamt versprochene Sonderbrief vom 16. 8. 1942. Er mußte auf der „Politischen Abteilung" des Lagers unter Aufsicht des Gestapo-Chefs geschrieben werden und konnte deshalb nur den Hinweis enthalten, daß ich „nach langer Zeit meine alte Adresse wiederbekommen habe" und daß es mir „sehr gut" gehe.

72

Erst im nächsten Brief, der durch die normale Zensurstelle ging, konnte
ich von „Männe" (Deckname) erzählen, der mir in einem Feldpostbrief
mitgeteilt habe, daß er „zweimal das Te Deum beten konnte", weil er
„aus der Gefangenschaft entrann, wo er schon transportiert werden
sollte" (Invalidenblock und Transport in die Gaskammer}, und „kurz
darauf nochmals plötzlich in Lebensgefahr geriet und wunderbar aus
der Gefahrenzone herauskam" (Luftwaffenversuchsstation, S. 54/55).

Umschrift der Brieftexte:

S. 72   16. August 1942
„Liebe Mama! Wie Du siehst, habe ich nach langer Zeit meine alte
Adresse wiederbekommen. Trotzdem ich deswegen an diesem
Sonntag Euch eigentlich nicht schreiben könnte, habe ich doch
die besondere Erlaubnis bekommen, diesen Brief an Euch abzu-
senden, damit Du nicht durch eine eventuelle längere Schreib-
pause beunruhigt wirst. Mir geht es augenblicklich sehr gut."

S. 73
„er jetzt alles überstanden hat und schon wieder in seinem alten
Beruf als Automechaniker arbeiten kann. Seinem früheren Meister Gewinner wird er jetzt doppelt dankbar sein. Das, was er in
den vergangenen Wochen an grauenhaftem Elend gesehen hat,
wird ihm für sein ganzes Leben unvergeßlich sein. Zweimal
konnte er von ganzem Herzen das Te Deum beten, einmal, als er
aus der Gefangenschaft entrann, wo er schon transportiert werden sollte, und wie er kurz darauf plötzlich nochmal in Lebensgefahr geriet und wunderbar aus der Gefahrenzone herauskam. Er
hat Euch ja wohl auch darüber geschrieben. Besonders herzlichen
Gruß an Toni!, ferner an Lotte, Frl. Schubert und Berger. Reichelt
lasse ich grüßen, seine Aktentasche interessiert mich augenblicklich wenig. An Mama, Papa, alle Geschwister und Verwandten, Freunde usw. die besten Grüße

Euer Hermann"

Heinrich Wienken, der damalige „Sprecher der Deutschen Bischofskonferenz bei der deutschen Reichsregie-
rung", als Bischof von Meißen später mein Ortsbischof,
hat davon erfahren. Er sagte mir wörtlich: „Sie haben
aber eine Schwester; so ein tapferes Mädel ist mir in meinem ganzen Leben nicht begegnet."

Auf Initiative des früheren „Welberger Kaplans" Klok-
kenbusch, der selber während der NS-Zeit eine Zeitlang
politischer Gefangener war, wurde meiner Schwester im
Jahr 1987 von Rom aus der Orden „Pro Ecclesia et Ponti-
fice" verliehen. Der münsterische Regionalbischof Oster-
mann überreichte ihn persönlich.

74

Treffen mit meiner Schwester in München und auf der SS-Besoldungsstelle

Bald nach ihrer Rettungsaktion gelang es meiner Schwester sogar, mich zu treffen. Ich war einem Arbeitskommando von zwölf Mann zugeteilt worden, das täglich auf Lastwagen zur Arbeit nach München gefahren wurde. Die Ernte auf der SS-Kräuter-Plantage war nämlich 1942 so gut, daß die lagereigenen Trockenböden nicht ausreichten und die Lagerverwaltung die Trockenöfen der Trockengemüsefabrik Durach München in Anspruch nahm. Die Firma erhielt dafür billige Arbeitskräfte.

Wir arbeiteten also in der Fabrik, und im Rahmen dieses Arbeitskommandos mußten wir auch am Münchner Ostbahnhof Gemüse abladen. Gleich am zweiten Tag hatte ich einen Brief an meine Schwester in der Tasche. Dem holländischen Fremdarbeiter, der uns mit dem Traktor zum Ostbahnhof fuhr, konnte ich glücklicherweise den Brief zuschieben, und er brachte ihn zum Briefkasten. Schon nach wenigen Tagen stand meine Schwester mit ihrer Freundin am Stiglmeierplatz, in den die Dachauer Straße einmündet. Beim Vorbeifahren konnte ich zuerst einmal nur vorsichtig winken. Am folgenden Tag hatte ich einen Papierball aus Zeitungspapier in der Hosentasche, in den ein Brief eingewickelt war. Ich hatte mich an die hintere Rampe des Lastwagens gesetzt, saß aber nun direkt neben dem wachhabenden SS-Mann. Ein Blickwechsel mit meiner Schwester – und ich ließ den Papierball auf die Straße fallen. Sie begriff sofort und holte sich das Knäuel mitten aus dem dichten Berufsverkehr, zwischen sechs und sieben Uhr morgens.

Die Fabrik durften Unbefugte nicht betreten. Auf dem Ladegelände des Ostbahnhofs aber waren wir scharf bewacht. Der einzige Erfolg meiner Schwester und ihrer Freundin war zunächst nur ein Kohlkopf, den ein Aufsichtsbeamter der Bahn ihnen großzügig schenkte, als sie unter dem Vorwand, Kohlblätter für ihre Kaninchen auflesen zu wollen, versuchten, im Ladegelände an mich heranzukommen. Noch einige Papierknäuel habe ich meiner Schwester zugespielt. Zweimal wurde es brisant. Ein Passant hatte es beobachtet und sofort einen Polizisten geholt: „Illegaler Kontakt mit KZ-Gefangenen" – als aber meine Schwester weinend erklärte, das sei ihr Bruder gewesen, nahm ihr der gutmütige Münchener Polizist den Papierball nicht ab und wies sogar den Denunzianten zurecht: „Seien'S' froh, daß Sie niemanden in Dachau haben, und gehen S' Ihrer Wege." Das zweite Mal schien zunächst gefährlicher zu sein – das Knäuel wurde von einem Passanten aufgehoben und mitgenommen. Der Brief enthielt eine Situationsschilderung vom KZ. Wir waren in größter Sorge. Aber der Fremde hat den Brief frankiert und abgeschickt – er kam zur großen Erleichterung meiner Schwester nach ihrer Rückkehr in der Heimat an.

Schließlich wurde das tagelange Bemühen meiner Schwester, mit mir in Kontakt zu kommen, durch eine wunderbare Fügung belohnt. Ich kam mit einem Kaplan aus dem Rheinland zum Kohleschaufeln in den Heizungsraum der Fabrik. Die Frau des Heizers brachte täglich in einem Korb das Frühstück für ihren Mann in die Fabrik. Beim Auspacken bot sie auch uns eine Schnitte an und reichte uns Kaffee. Schon das war ein Erlebnis: Wenn man jahrelang nur aus Blech gegessen und getrunken hat ... – nun aus einer Porzellantasse gesüßten Milchkaffee zu trinken! Als die Frau gar noch hörte, daß wir katholische Priester seien, zerfloß ihr Herz, und ich fragte gleich: „Kann ich meine Schwester zu Ihnen schicken?" Zu unserem großen Glück wohnte das Ehepaar nicht irgendwo, sondern in einer Dienstwohnung im Fabrikgelände. Am nächsten Morgen brachte nun meine Schwester, als Frau des Heizers verkleidet, das Frühstück in den Heizungsraum, und wir haben uns zum ersten Mal seit unserem Treffen im Leipziger Gefängnis 1940 hinter dem riesigen Heizungskessel der Fabrik wiedersehen und miteinander sprechen können.

1943 und '44 gelangen dann noch einige Treffen: 1943 bekamen rund 100 Priester ein sehr gutes Arbeitskommando in der SS-Besoldungsstelle, von wo aus die gesamte Waffen-SS besoldet wurde. Dort war uns der SS-Unterscharführer Bald mit seinem Kollegen sehr gut gesinnt. Beide waren in der katholischen Jugend gewesen, vor der Hitlerzeit zur Polizei gegangen und später zwangsweise in die SS überstellt worden. Jetzt halfen sie uns, unsere Privatpost abzuschicken, ohne daß sie durch die Zensurstelle ging. Meine Schwester war gleich wieder da. Zuerst konnte ich sie auf dem Postamt nur von ferne sehen; weil ich, den Postkorb am Arm, den SS-Mann dorthin begleitet hatte. Später wurde sie noch kühner: Sie ging unter dem Vorwand, sich als SS-Frau auf der Besoldungsstelle nach dem Gehalt Ihres Mannes erkundigen zu wollen, in den SS-Kommandanturbereich hinein und verlangte im Dienstgebäude, den Unterscharführer Bald zu sprechen. Der erschrak, als er meine Schwester vor sich sah.

Aber er besann sich, schickte dann einen in seinem Zimmer arbeitenden Häftling auf meine Abteilung mit der Aufforderung, auf den Flur zu kommen. Er nahm mich in Empfang, führte mich in einen Abstellraum mit alten Büroschränken und schloß mich dort ein. Ich war völlig ahnungslos und überlegte voller Angst, was das zu bedeuten habe. Plötzlich schließt er wieder auf und schiebt meine Schwester hinein. – Die Wiedersehensfreude war groß.

Dieses Arbeitskommando in der Besoldungsstelle haben wir Priester mit einem Schlag verloren, als die Sache mit unserer illegalen Post herauskam. Ein Priester, der für den Hauptschuldigen gehalten wurde, kam nach Buchenwald und ist dort erschossen worden. Die beiden SS-Leute hat keiner von uns verraten.

Nun waren wir wieder auf dem Acker unter den schlechtesten Bedingungen. Doch sind wir gerade durch diese Versetzung an den alten Platz am Leben geblieben. Zwei Tage später bombardierten die Amerikaner bei einem Tagesangriff auf München auch die SS-Kommandantur in Dachau. Der Angriff zerstörte das ganze Flurgebäude, wo die Häftlinge während der Fliegeralarme stehen mußten, denn Schutzbunker gab es nur für die SS und für die kostbaren Schreib- und Rechenmaschinen. Dabei wurden die wenigen Nicht-Priester, die noch dort arbeiteten, getötet oder verwundet.

Ab 1943 gab es für Soldaten von der Ostfront Sprecherlaubnis, und meine Schwester benutzte auch diese Gelegenheit einige Male. Zweimal kam sie mit Vettern, dann mit ihrem Verlobten und später mit meinem Bruder, der mich zwei Jahre vorher am Zaun der Plantage besucht hatte. Meine Schwester brachte sie alle dazu, die 800 km nach Dachau zu fahren, und schlüpfte jedesmal selbst bei der Sprecherlaubnis mit durch. Wie mühsam die Bahnfahrten im Kriegsdeutschland waren, voller Strapazen, Wartezeiten und Ungewißheiten des Fahrplans, in immer überfüllten Zügen – das war mir hinter Gittern nicht bewußt.

Die Priesterweihe Karl Leisners im KZ

Der Höhepunkt aller Erlebnisse in Dachau war für uns die Priesterweihe von Karl Leisner am 17. Dezember 1944.

Karl war 1939 als junger Diakon kurz vor seiner Weihe als Tbc-Patient aus dem Sanatorium heraus verhaftet worden. Daß er sechs Jahre in den Konzentrationslagern Sachsenhausen und Dachau überlebte, war allein schon ein Wunder. Es wäre normal gewesen, wenn er in den ersten Monaten gestorben oder später vergast worden wäre. Gott hat ihm „mit der linken Hand" lauter Wohltaten geschenkt, durch die sein Leben, das für viele zum Segen wurde, so lange erhalten blieb.

Eine Zeitlang gab es ein „Loch" auf der Plantage, eine Verkaufsstelle für die Zivilbevölkerung, deren Leiter ein guter Katholik war, mit zwei Priestergefangenen als Helfer. Durch dieses „Loch" hat eine Klosterkandidatin mit dem Decknamen „Mädi" Medikamente und Lebensmittel für Karl Leisner ins Lager geschmuggelt. Den größten Teil seiner Haftzeit verbrachte er im Krankenrevier. Viele Mitbrüder haben ihm geholfen. In der schlimmen Hungerzeit 1942 schnitten wir alle von den kargen Margarine- und Wurstzuteilungen winzige Stückchen ab, um sie für ihn zu sammeln; heimlich wurde ihm das ins Revier gebracht. Als später die Pakete kamen, konnten Revierpfleger, Block- und Stubenältester bestochen werden – so wurde er vor Schikanen, vor dem Invalidenblock und der Vergasung bewahrt. Wenn er nicht im Krankenrevier war, wurde auf gleiche Weise der Arbeitseinsatz bestochen, damit er in Arbeitskommandos kam, wo er es körperlich leichter hatte.

Trotzdem ging es mit ihm gesundheitlich immer weiter bergab. Sein größter Wunsch war die Priesterweihe. Viele beteten mit ihm, daß die Eingaben seiner Angehörigen um

Pfr. Sonnenschein, Pfr. Scheipers und Schw. Imma Mack (Mädi)

Entlassung aufgrund seines schlechten Gesundheitszustandes Erfolg haben möchten, denn nur so, dachten alle, könnte er geweiht werden. Gott fügte es anders. Domkapitular Friedrichs aus Münster sagte zu mir im Sommer 1944: „Hermann, wir müssen beten, daß mal ein Bischof hier eingesperrt wird, damit der arme Karl zu seiner Weihe kommt." Bald darauf wurde der französische Bischof Gabriel Piguet eingeliefert, nicht wie üblich in den „Ehrenbunker"* zu

---

* Im „Ehrenbunker" wurden hochrangige Persönlichkeiten gefangen gehalten, die keinerlei Kontakt mit uns haben konnten (s. auch S. 85). Bischof Piguet kam trotzdem zu uns – entweder war der „Ehrenbunker" überfüllt oder man hatte seinen Rang als Bischof übersehen. Erst nach der Priesterweihe wurde er „Ehrenhäftling".

80

den Prominenten, sondern zuerst zu uns in den Arbeitsblock. Es begann eine fieberhafte geheime Planung und konkrete Vorbereitung der „Priesterweihe im KZ". Äußerst mühsam wurden alle Details eingehalten, die 20 Jahre vor dem II. Vatikanum allen noch unumgänglich schienen. Durch das „Loch" im Zaun der Plantage lief die Korrespondenz, bis wirklich die Erlaubnis seines Heimatbischofs von Galen und auch die des zuständigen Ortsbischofs Kardinal Faulhaber da war. In den Werkstätten wurden heimlich Bischofsgewänder und sogar eine Mitra angefertigt, ein Russe schmiedete in der Schlosserei einen Bischofsring.

Am dritten Adventsonntag 1944 wurde Karl Leisner durch Bischof Piguet in der Kapelle während einer normalen Sonntagsmesse zum Priester geweiht. Er mußte heimlich aus dem Krankenrevier geholt und auch heimlich wieder zurückgebracht werden. Die SS hat wohl irgendwie gespürt, daß etwas los war, kümmerte sich aber weiter nicht darum.

Wegen des beengten Raumes in der Kapelle konnten nicht alle dabeisein. Ausgewählt wurden die Mitbrüder aus seiner Diözese Münster, aus seiner Stube im Block 26 und die Priester, die am längsten in Haft waren. Alle anderen nahmen im gemeinsamen Gebet in ihrem Block teil. Sicher gab es keinen unter uns, den dieses Ereignis nicht neu im Glauben und im Beruf gestärkt hätte.

Am Fest des Diakons Stephanus, dem zweiten Weihnachtstag, feierte Karl seine erste und einzige hl. Messe. Es war für uns alle ein bewegender Augenblick, als er uns den Primizsegen gab. Danach gab es sogar eine „Festtafel", von den evangelischen Geistlichen in brüderlicher Mitfreude bereitet.

Dies ganze Geschehen darf in der Kirchengeschichte nicht vergessen werden; in seiner geistlichen Dimension ist es aber viel mehr als nur ein historisches Ereignis.

Karl Leisner erlebte als Todkranker die Befreiung und starb nach kurzer Zeit in einem Sanatorium in Planegg bei München.

Aus menschlicher Sicht waren Karl Leisners Jahre im KZ sinnlose Jahre, und sein Ende war ein sinnloser Tod. In Wirklichkeit aber führte Gott ihn durch die Torheit des

Kreuzes zur Vollendung. Er hat ihm gezeigt: Ich vermag alles; aber ich will nicht deine Leistung als Seelsorger, ich will dich selbst, ich will dein Herz. Karls letzte Worte im Sterben waren: „Liebe, Sühne. Segne, Höchster, auch meine Feinde."

„Wir wollen uns auch der Drangsale rühmen, da wir wissen, daß die Drangsal Geduld bewirkt, die Geduld Bewährung, die Bewährung Hoffnung. Die Hoffnung aber läßt nicht zuschanden werden, weil die Liebe Gottes in unseren Herzen ausgegossen ist durch den Heiligen Geist, der uns geschenkt wurde." (Röm 5,3-5)

Gegen Kriegsende machten wir uns auch Gedanken über unsere und der Kirche Zukunft. Wir ahnten, welches Unmaß von Leid und Not nach dem verlorenen Krieg über unser Volk hereinbrechen würde.

Viele KZ-Häftlinge aus den umliegenden Nationen – auch Priester – machten aus ihrer Abneigung gegenüber Deutschland keinen Hehl und gaben unserem Land keine Chance für die Zukunft.

Einige mir durch Freundschaft verbundene Priester aus Polen, die auch für ihr Land wegen der Befreiung durch die Russen keine gute Zukunft erwarteten, waren entschlossen, in Frankreich Asyl zu suchen und dort als Priester zu wirken, was sie auch für rund 2 Jahrzehnte getan haben. Sie rieten mir, mit ihnen nach Frankreich zu gehen, wo es sich gewiß leichter leben ließe als im besiegten und verfemten Deutschland. Ich wies dieses Angebot weit von mir und sagte, daß ich lieber meinem Volk dienen wolle, das nun sühnend für die Untaten der Vergangenheit zu leiden habe.

Das Ende in Dachau war grauenvoll. Ab Januar 1945 nahm die Überfüllung des Lagers bis zu äußerster Unerträglichkeit zu. Gleichzeitig grassierte der Flecktyphus. Von allen Seiten kamen Häftlingstransporte aus anderen Lagern, die evakuiert wurden, als die Fronten von Osten und Westen immer näher rückten. Süddeutschland blieb ja als letztes Gebiet in deutscher Hand, und so kamen sie alle nach Dachau. Zum Schluß mußte man in der Blockgasse über Sterbende und Leichen hinwegsteigen; es gab keinen Platz in den Baracken mehr, alle waren mit Menschen vollgestopft. In offenen Waggons waren sie angekommen, einige schon auf der Fahrt erfroren oder verhungert. Der Salesianerpater Karl Schmidt muß beim „Ausladen" helfen. Als er zurückkommt, steht ihm das Entsetzen im Gesicht: „Die haben ihre toten Kameraden angefressen!"

„Wir wissen ja, daß die gesamte Schöpfung bis zur Stunde seufzt und in Wehen liegt. Und nicht nur das, auch wir, die wir die Erstlingsgabe des Geistes besitzen, auch wir seufzen in uns selbst in der Erwartung der Erlösung unseres Leibes. Denn auf Hoffnung sind wir gerettet." (Röm 8,20-24)

Flucht in die Freiheit

Freiheit ist das höchste Gut für einen Gefangenen. In den langen Jahren meiner KZ-Haft habe ich oft davon geträumt, was ich als erstes nach einer Entlassung tun würde: Ich würde dann mit dem Fahrrad wie wild herumfahren in der schönen Umgebung meiner Heimatstadt und das Gefühl der Freiheit genießen. Aber die Gestapo-Haft gab es immer nur für unbestimmte Zeit. Jeder Zuchthausgefangene kennt den Zeitpunkt seiner Entlassung und kann sich darauf freuen. Für uns gab es nur den Blick in eine endlos ungewisse Zukunft. Neben der dauernden Todesgefahr hat uns das vor allem gelähmt und zermürbt.

Als 1945 unsere Lage durch die Überfüllung des Lagers unerträglich wurde, keimte aber zugleich die Hoffnung auf die so lange entbehrte Freiheit. Sobald der Befehl Himmlers bekannt wurde: „Kein Gefangener darf lebendig in die Hände der Alliierten fallen", sann ich über die Möglichkeit einer Flucht nach. Das größte Hindernis bildete die Zebra-Kleidung. Die aber war seit Jahren knapp geworden, weil die Fabriken zerbombt waren. Deshalb wurden 1944 alle Arbeitskommandos, die nicht außerhalb des Lagers arbeiteten, in Zivilkleider gesteckt. In der Schneiderei mußte jedoch in das Rückenteil der Jacken vier pflaumengroße Löcher geschnitten und mit einem X aus anderem Stoff übernäht werden. Ein Flüchtender hätte also entweder ein X oder vier Löcher im Rücken der Jacke gehabt. Auch die Hosen wurden rechts und links entsprechend zerschnitten und wieder vernäht. Eine Zivilmütze mußte mit roter Mennigfarbe bestrichen sein. Gegen Lebensmittel hatte ich aus der Kleiderkammer einen noch nicht zerschnittenen Anzug organisiert: das X und die Hosenstreifen nähte ich selber auf, auch einen roten Tuchstreifen auf die Mütze.

Am Abend vor dem Abmarsch sahen wir noch, wie die „Prominenten" in Autobussen wegtransportiert wurden. Zu den sogenannten Ehrenhäftlingen gehörten u. a. Pfarrer Niemöller, General Halder, der Ministerpräsident von Frankreich Leon Blum, der frühere Regierungschef von Österreich Schuschnigg mit Frau und Kindern, auch Weihbischof Neuhäusler von München und Bischof Gabriel Piguet aus Frankreich.

Am 26. April 1945 mußten wir früh marschbereit auf dem Appellplatz stehen, aber erst abends 10 Uhr marschierten wir aus Dachau ab, insgesamt 7.000 Gefangene, eingeteilt in je 100, darunter die Priester. Jede Hundertschaft wurde von zwei SS-Leuten und einem Hund bewacht. Ich wollte so bald wie möglich flüchten, aber es war mondhell, und es gab keine Chance zu entkommen. Der Weg ging über Gauting und Planegg in Richtung Starnberg, angeblich in die Ötztaler Alpen, aber niemand wußte überhaupt etwas. Es hieß, wir sollten eine „Alpenfestung" als letzte Verteidigungsbastion für die SS bauen. Die meisten hatten Holzschuhe. Wer nicht weiterkonnte, wurde beiseite geführt und erschossen. In den Orten, durch die wir kamen, sahen die Leute mit Entsetzen in den Augen auf unseren Zug. Viele wollten uns Brot und Wasser geben, aber die SS trat dazwischen und schlug manchem das Wassergefäß aus der Hand. Zwei Stunden nördlich von Starnberg überquerten wir am nächsten Morgen auf einer Brücke die Würm, die parallel zur Straße von München nach Starnberg fließt. Auf der anderen Seite mußten wir am Fuß einer bewaldeten Anhöhe den ganzen Tag lagern, weil nur in der Nacht marschiert werden durfte. Von dort habe ich die Flucht gewagt, weil ich mir dachte, daß die Wachposten nach dem Nachtmarsch genauso müde wie wir sein müßten. Gegen Mittag kontrollierte ein SS-Offizier die Postenkette. Als er fort war, machte es sich der für mich nächste Wachposten an einem Baum bequem. Ich brach auf. Von Baum zu Baum schleichend kam ich glücklich durch die Postenkette. Irgendwo fand ich Deckung, um die Streifen von Anzug und Mütze abzutrennen. Der Rastplatz war in einem großen Buchenwald, in dem man bekanntlich sehr weit sehen kann. Ich suchte in ein Fichtenwäldchen zu gelangen, um mich dort zu verstecken. Von der Würm an aufwärts führte aber ein Waldpfad, der um das Wäldchen herumbog, parallel zur Würm und zur Straße. Ein

Evakuierungsmarsch Dachauer Häftlinge in den letzten Apriltagen 1945 durch den Ort Grünwald (südlich von München). Die Aufnahmen wurden heimlich von einem Grünwalder Bürger gemacht.

einzelner SS-Mann kam den Pfad herauf. Ich warf mich rasch hinter einem Baum zu Boden. Obwohl er etwa 10 Meter an mir vorbeilief, bemerkte er mich nicht. Als er verschwunden war, ging ich schnell auf das Wäldchen zu. In diesem Augenblick muß mich einer von der Postenkette gesehen haben. „Halt, stehenbleiben", hörte ich, und es knallten zwei Schüsse. Jetzt konnte ich mich nicht mehr dort verstecken, rannte den Weg entlang um das Wäldchen herum und hätte in der Aufregung fast den SS-Mann überholt, der plötzlich vor mir ging. Ich suchte nun Schutz in einem Gebüsch nahe der Würm und erwartete angstvoll die Verfolgung mit den Spürhunden.

Wie mir die Mitbrüder, die nach den Schüssen voll Sorge um mich waren, später erzählten, hat der Posten sofort gerufen: „Hundeführer vor, weitergeben!" Dieser Befehl ging die ganze Postenkette entlang: „Hundeführer vor, weitergeben!", bis er zum Hundeführer gelangte, der bei seinen Hunden schlief. Als man ihn weckte, reagierte er mit dem bekannten Zitat von Götz von Berlichingen: „Leckt mich …" Er war zu faul, mich zu verfolgen, und das war meine Lebensrettung.

Nach einiger Zeit wagte ich mich wieder vor und meinte, es sei weniger verdächtig, wenn ich nun einfach normal auf der Straße ginge wie irgendwer. Aber ich hatte ja keine Papiere und war äußerst gefährdet: Ein junger Mann in meinem Alter gehörte doch an die Front oder in einen Rüstungsbetrieb! Die Straße führte an einer Mühle mit Gastwirtschaft vorbei, vor der 5 SS-Leute standen, im Gespräch miteinander vertieft. Rasch von der Straße weg in den Wald springen, war nun nicht mehr möglich. Klopfenden Herzens ging ich vorbei und konnte es kaum fassen, daß sie mich überhaupt nicht ansahen. Nachher habe ich erfahren, daß damals gerade der Sender München von einer Widerstandsgruppe der Wehrmacht erobert worden war und laufend Sendungen ins Land gingen: „Legt die Waffen nieder – die Amerikaner stehen schon kurz vor München – es ist aus mit der Naziherrschaft" usw. Am Abend, als ich schon in Sicherheit war (aber der Krieg war noch nicht aus), habe ich diese Sendungen der „Freiheitsaktion Bayern" selber gehört. Die SS-Leute hatten da offenbar andere Sorgen, als einen verdächtigen jungen Mann zu kontrollieren.

Ich kam bis Starnberg, am Ende meiner Kräfte. Dort wimmelte es von Flüchtlingen. Ich wollte nichts als nur Wasser trinken. Gott führte mir einen litauischen Theologiestudenten in den Weg, der vor den Russen geflohen war, wie er mir auf meine vorsichtige Frage in gebrochenem Deutsch erzählte. Schließlich vertraute ich mich ihm an und gelangte zu Dr. Natterer, dem Vorsitzenden des bayrischen Klerusverbandes, der nach Starnberg evakuiert worden war. Als ich mich ihm als Priester vorstellte, sagte er: „Was? Priester sind Sie? Sie sehen ja aus, als ob Sie aus dem Zuchthaus kämen." Er versteckte mich drei Tage, bis die Amerikaner kamen. Sie hatten inzwischen auch das Lager Dachau befreit.

„Seinen Engeln hat er befohlen um deinetwillen, dich zu behüten auf allen deinen Wegen. Auf ihren Händen sollen sie dich tragen, damit dein Fuß nicht stoße an einen Stein. Über Nattern und Ottern wirst du schreiten, trittst auf Löwen und Drachen. Weil er mir anhängt, will ich ihn erretten, ich will ihn schirmen, weil er meinen Namen kennt. Ruft er mich an, so will ich ihn erhören. Ich bin bei ihm in seiner Not, ich rette ihn aus seiner Drangsal. Ich will ihn sättigen mit langem Leben und lasse ihn schauen mein Heil." (Ps 91)

Ich hatte Starnberg als Fluchtziel geplant, um nach Aschering zu gelangen und dort unterzutauchen. Von diesem Dorf aus hatte ein Sanitätssoldat, mein Ochtruper Jugendfreund, der spätere Brasilienmissionar August Vorgerd, seine Quartierleute veranlaßt, mir in den letzten Kriegstagen noch Lebensmittelpäckchen nach Dachau zu schicken, als schon keine Pakete aus Westfalen mehr zu uns gelangen konnten. Dort wollte ich die Amerikaner erwarten. Dr. Natterer aber riet ab: „In dem kleinen Dorf kennt jeder jeden. In Starnberg wimmelt es von Flüchtlingen und Evakuierten. Hier fallen Sie nicht auf."

Etwa zwei Stunden nach meiner Flucht wurde ich wieder unruhig. Ich dachte an die rund 100 Mitbrüder, die ja nach Einbruch der Dunkelheit vom Rastplatz aus an Starnberg vorbei nach Süden weiterziehen mußten. „Können Sie mir nicht einige Lebensmittel, vor allem Wasser oder Limonade, besorgen, die ich den Priestern bringen will?" „Was, gerade sind Sie der Hölle entronnen, und nun wollen Sie sich wieder in Gefahr begeben!" Ich sagte: „Sie wissen nicht, wie es denen zumute ist und wie lange sie noch durchhalten können." Er verkleidete mich dann so, daß ich mit Brille und Hut – wie ein älterer Zivilist aussah, und ich stellte mich nördlich von Starnberg an die Straße, um die Gefangenen zu erwarten. Fast eine Stunde lang wankte eine Hundertschaft nach der anderen an mir vorbei, bis endlich die Priester kamen. Einer erkannte mich und rief: „Scheipers!" Schnell entfernte ich mich, um den beiden Wachposten nicht aufzufallen, nachdem ich ihnen noch meine Spenden reichen konnte. Bedrückt zogen sie weiter einem ungewissen Schicksal entgegen, während sie mich schon in Freiheit sahen.

Aber ihr Leidensweg führte nur noch bis Wolfratshausen, wo sie ein junger Jesuit durch ein Husarenstück befreite. Er war 1943, wie alle Jesuiten, durch einen Erlaß Himmlers als wehrunwürdig aus der Wehrmacht ausgestoßen worden, hatte aber wegen seiner Tapferkeitsauszeichnungen die Erlaubnis seines Kommandeurs, die Offiziersuniform zu behalten. Das Gerücht von dem Gefangenentreck mit Priestern war zu ihm gedrungen.

Nun fuhr er in Uniform mit einem kleinen Lastwagen ins nächste Wehrmachtsmagazin, ließ Brot und Fleischkonserven aufladen und brachte die Lebensmittel am Abend in das Lager. Im Schutz der Dunkelheit lud er eilig eine Anzahl der schwächeren Priester auf und transportierte sie ins Pfarrhaus von Wolfratshausen. Das Manöver wiederholte er gleich noch einmal, ohne daß die Wachhabenden es merkten.

Der ganze Gefangenenzug wurde am nächsten Tag durch eine Umfassungsbewegung der amerikanischen Armee um die Südspitze des Starnberger Sees herum gerettet.

Der Rückblick nach über 50 Jahren auf diese harten Erlebnisse erfüllt mich heute wie damals mit sehr großem Staunen. Sechsmal war ich in unmittelbarer Lebensgefahr: bei der Einlieferung ins KZ (Strafkompanie), auf dem Invalidenblock, auf der Luftwaffen-Versuchsstation, durch die Paratyphus-Seuche, durch die Flecktyphus-Epidemie und durch die Flucht aus dem Todesmarsch. Es gab – immer wieder wie mit Händen zu greifen – die Führung Gottes. Keine einzelne Situation konnte man überblicken, man ging schlafwandlerisch durch – und kann sich dann nur wundern, wie eins ins andre greift und wie man durch diese Erfahrungen zu ahnen beginnt, daß letztlich nichts sinnlos bleibt. Die vielen, die der Tod neben uns mitnahm, müssen wohl in diesem Augenblick ihre Aufgabe schon erfüllt haben. Denn wir, an denen er ganz knapp vorüberging, müssen ja dieses unverdient jedesmal neu geschenkte Leben in die Hand nehmen: immer wieder neu als Aufgabe und Auftrag, mit dem Dank an den, der den Tod, wo immer er kommen mag, überwindet.

*„Jahwe, unser Herr! Wie wunderbar ist auf der ganzen Erde
dein Name! Schau ich den Himmel das Werk deiner Finger,
den Mond und die Sterne, die du geschaffen: Was ist der
Mensch, daß du seiner gedenkst! Des Menschen Sohn, daß du
Sorge trägst um ihn." (Ps 8)*

Die Amerikaner versorgten uns mit Ausweispapieren
und Empfehlungen, aber transportierten uns nicht in die
Heimat, wie wir es erwartet hatten. Nach vier Wochen
vergeblichen Wartens verlor ich die Geduld. Hilfreiche
Leute liehen mir ein Fahrrad, und ich fuhr zusammen
mit einem KZ-Freund aus Westfalen die 800 Kilometer
bis in meine Heimatstadt Ochtrup – streckenweise auf
Kohlezügen –, um zu erfahren, ob meine Eltern und
Geschwister noch lebten. Wir waren erschrocken, als wir
die durch Bomben völlig zerstörten und ausgebrannten
Innenstädte von Würzburg und Münster sahen. Unterwegs waren wir sehr gefährdet durch marodierende ehemalige Zwangsarbeiter, die es auf unsere Fahrräder ab-
gesehen hatten. In letzter Minute wäre ich beinahe mein
geliehenes Fahrrad losgeworden. Um schnell nach Hause
zu kommen, wählte ich einen Feldweg von Langenhorst
nach Ochtrup. Plötzlich erhoben sich etwa sechs polnische Zwangsarbeiter aus dem Straßengraben, um mir
den Weg zu versperren. Ich aber grüßte freundlich
„Niech będzie pochwalony Jezus Chrystus" (Gelobt sei
Jesus Christus) und fuhr durch die verblüfften Polen hindurch.

In Ochtrup wurde mir ein bewegender Empfang be-
reitet, als sich die Nachricht verbreitet hatte, daß Kaplan
Scheipers aus dem KZ zurückgekommen sei. Kaplan
Reinhold ließ sogleich die Glocken läuten, und am
Abend versammelte sich der Kirchenchor vor unserem
Hause, um mich mit mehrstimmigen Liedern zu er-

er Inhaber dieses Ausweises befand
ich vom 4.10.1940 bis zum 27.4.
945 in Schutzhaft, davon vom 28.3.
941 bis zum 26.4.1945 im Konzentrati
nslager Dachau (Gef.Nr.24255). Er
st am 27.4.1945 aus dem Treck des
agers Dachau nach Süden (Richtung
tztaler Alpen) in der Nähe von
tarnberg entflohen, und hat sich
ier auf dem Bürgermeisteramt ordnungs-
emäss angemeldet.

he owner of this legitimation had
een in the camp of concentration
a c h a u (Gef.Nr.24255) in the
ime of 28.3.1941 till 26.4.1945.
e is escaped from a Treck of the
ager near Starnberg. Since that
ime he is orderly annonced in the
ommunity of Starnberg.

tarnberg, den 16.5.1945

P e r s o n a l a u s w e i s
=================================

Description of person.

Name	Scheipers
Vorname First name	Hermann Josef
Geburtsort Borne in	Ochtrup in Westfalen
Geburtstag Birthday	24.7.1913
Beruf Profession	Kathol. Geistlicher catholic priest
Wohnort Residing at	Hubertusburg /Bez.Leip- zig /Sa.
Gestalt Figure	groß
Gesicht Face	oval
Farbe der Augen Colour of eyes	blau
Farbe des Haares Colour of hair	mittelblond

Unterschrift des Ausweisinhabers
Signature

Hermann Scheipers

Es wird hiermit bescheinigt, dass
der Inhaber die durch das obenstehen-
de Lichtbild dargestellte Person ist,
und die darunter befindliche Unterschrift eigenhändig vollzogen hat.

Starnberg, den 16.5.1945

Todesangst-Christi-Kapelle in Dachau

freuen. Vor allem durfte ich nach fünf Jahren endlich
meine Eltern wiedersehen und besonders meine Zwillingsschwester, die mir im gefährlichsten Moment meiner KZ-Haft das Leben gerettet hat.

Neubeginn 1945 –
In Ochtrup und Gronau

Große Freude daheim. Eltern und alle fünf Geschwister fanden sich in kurzer Zeit unversehrt wieder. „Der liebe Gotte tut nichts als fügen", sagte mein Onkel immer. Das haben wir immer wieder erlebt: Der Verlobte meiner Zwillingsschwester entging nur knapp der drohenden russischen Gefangenschaft und kam bald heim. Jetzt stand ihrer Hochzeit nichts mehr im Wege, und ich sollte sie in der Gnadenkapelle zu Telgte trauen. Dort hatten nämlich beide einst versprochen, nicht zu heiraten, bevor ich aus dem KZ entlassen sei. Die beiden Brüder waren aber noch in Kriegsgefangenschaft. Meine ältere Schwester und ihr Mann wurden vermißt. Sie hatten sich, um der Kriegsgefangenschaft zu entgehen, als Zivilisten nach Innsbruck zurückgezogen. Dort wurden sie aber durch die französische Militärpolizei in ihrer Wohnung überprüft. Mindestens drohte ihnen jetzt die Internierung in ein Lager. Aber in der Handtasche meiner Schwester befand sich ein Brief, den ich ihr aus dem KZ geschickt hatte, und der bewirkte, daß sie sogleich freikamen und – auf Kohlezügen – in die Heimat reisen konnten. In Ochtrup angekommen, erfahren sie, daß alle in Telgte sind auf der Hochzeit meiner Zwillingsschwester. Sofort machen sie sich auf, und als ich zur Trauung am Altar stehe, geht die Tür zur Gnadenkapelle auf, und die beiden treten ein.

Was sollte aber nun mit mir geschehen? Ich war Priester des Bistums Meißen, konnte aber nicht einmal meinem Bischof mitteilen, daß ich noch lebe, denn es gab erst zum Weihnachtsfest 1945 wieder Postverbindung mit der Ostzone. Jeder riet mir, im Bistum Münster zu bleiben, was ich auch zunächst tat. Pfarrvikar Vietmeier

Hermann Scheipers
im April 1945

hatte damals eine ehemalige Arbeitsdienstbaracke als Notkapelle für seinen neuen Seelsorgsbezirk in Gronau eingerichtet und bat mich, ihm zu helfen. So wurde ich nun für acht Monate dort Kaplan; es war eine schöne Zeit. Mein Zimmer bekam ich in der Familie eines Überlebenskünstlers, der im Hinterhaus eine Kuh, etliche Schweine, Hühner und Karnickel untergebracht hatte, so daß meine Ernährung in der ersten Hungerzeit nach dem Krieg, zumal nach meiner KZ-Zeit, bestens gesichert war. Die seelsorgliche Situation war der in der sächsischen Diaspora ähnlich, aber gekennzeichnet durch die Not der

Nachkriegszeit. Mehrmals bin ich mit jungen Männern in den Wald gefahren, um Feuerholz für Alte, Kranke und Behinderte zu besorgen, weil es keine Kohlen gab.

Übersiedlung und Empfang in Radebeul

Mein Bischof, dem ich zu Weihnachten geschrieben hatte, bat mich, ins Bistum Meißen zurückzukommen. Die Reaktion meiner Eltern war' vorauszusehen: „Fünf Jahre haben wir um dich Angst gehabt, und jetzt willst du zu den Russen gehen." Mein Entschluß stand aber fest: Jetzt werde ich noch mehr als vor dem Krieg dort gebraucht. Denn die vielen katholischen Heimatvertriebenen, die man verständlicherweise zum größten Teil auf dem Land unterbrachte, werden da nun doppelt heimatlos, weil es in der dortigen Diaspora nur in den Städten katholische Kirchen gibt. Sie werden wie eine Herde ohne Hirten sein, wenn nicht genügend Priester zur Verfügung stehen.

Doch meine Übersiedlung stößt auf ungeahnte Schwierigkeiten. Bei der zuständigen britischen Verwaltung in Münster erklärt man mir, daß es dafür keine Möglichkeit gibt, und sie beharren stur auf ihren Bestimmungen. Schließlich erfahre ich irgendwo, daß es bei Wolfsburg ein Lager für regionale Familienzusammenführung gibt, das Transporte in die Ostzone organisiert. Ich mache mich auf den Weg, finde dort unbürokratische Aufnahme, übernachte mit zahlreichen Menschen in einem Zelt und erfahre, daß an irgendeinem Tag, spätnachmittags ein Transport in die russische Zone abgeht – aber niemand weiß, wohin. Es heißt, daß wir in ein Quarantänelager kommen, und wer das nicht mitmacht, bekommt keine Lebensmittelkarten. Mein Bedarf an Lager war aber in den vergangenen Jahren reichlich gedeckt worden. Ich habe keine Lust und will abhauen, sobald sich in der Ostzone eine Gelegenheit bietet.

Wir fahren bis vor Magdeburg und biegen nach Süden ab. Als am Abend der Zug auf freier Strecke hält, laufe ich am Zug entlang bis zum Lokführer und frage, wohin es geht.- „Ins Vogtland" – dort wird also wohl das Quarantänelager sein. Ich frage: „Kommen wir durch Rositz?" – „Ja!" – Ich gebe ihm eine Schachtel Zigaretten und sage: „Machen Sie bitte dort einen kurzen Stop"! In Rositz war nämlich mein ehemaliger Pfarrer von Hubertusburg, Max Gewinner. Ich stehe von nun an im Abteil bereit und bin gespannt, ob der Zug dort halten wird. Um Mitternacht hält der Zug tatsächlich auf dem Bahnhof Rositz. Ich steige als einziger aus, grüße die dort stehenden Beamten, gehe ungehindert durch die Sperre und bin nun in der russischen Zone.

Mein Pfarrer, den ich aus dem Bett hole, freut sich riesig über das Wiedersehen, und wir tauschen unsere Erlebnisse während des Krieges aus. Dann fragt er: „Wohin wollen Sie jetzt?" – „Ich bin zum Kaplan in Radebeul ernannt." – „Wie wollen Sie dorthin kommen?" – „Mit dem Zug." – „Es fährt nur ein einziger nach Dresden, morgen früh 6 Uhr."

Er bringt mich nun zum Bahnhof, und ich fahre meine letzte Etappe in der Hoffnung, ein gutes Bett für die nächste Nacht zu finden. Aber ich sollte mich täuschen. Der Zug fährt viele Umwege auf Nebenstrecken, denn die Hauptstrecken sind für die Rote Armee reserviert. Erst abends um 20 Uhr kommt der Zug in Dresden an, und dort ist von 20 Uhr bis 6 Uhr früh Ausgangssperre. Ich hocke also die ganze Nacht auf dem Fußboden des Wartesaales, um dann, am neunten Tag meiner abenteu-

erlichen Reise, den Dienst in der Pfarrei Radebeul anzu-
treten.

Bis heute gilt im Bistum Dresden/Meißen für jeden
Pfarrer, der einen Kaplan zur Mithilfe in der Seelsorge
erhält, daß er ihn in seinem Haushalt beköstigen muß.
Als beim Pfarrer von Radebeul die Nachricht des Bischofs
von meiner Ernennung eingetroffen war, schickte er mir
sogleich ein Telegramm nach Ochtrup: „Bitte Haushälterin mitbringen!" Ich schrieb ihm per Eilbrief, daß ich für
einen eigenen Haushalt nicht einmal einen Kochtopf,
geschweige denn eine Haushälterin mitbringen könne.
Daraufhin schrieb er zurück, ich solle nur kommen, die
Sache mit dem Haushalt würde sich vor Ort regeln lassen.

Der Hintergrund: 1946 war die Ernährungslage für die
Bevölkerung in der Ostzone noch derart katastrophal, daß
so manche Flüchtlinge und Alleinstehende in den großen
Städten, die keinerlei „Beziehungen" hatten, langsam verhungert sind. Die Haushälterin des Pfarrers hatte sich
deshalb geweigert, mich mit zu beköstigen, aus Angst, mit
den Lebensmittelrationen auf Marken nicht auskommen
zu können.

Diese Situation führte dann zu einem für mich schockie-
renden Empfang durch den Pfarrer. Das Pfarrhaus in Radebeul ist ein ehemaliges Villengrundstück, in dem sich
auch die Kapelle, das Büro und ein Unterrichtsraum befinden. Auf dem Vorplatz steht früh um 8 Uhr der Pfarrer und verabschiedet gerade seine Meßbesucher, als ich
das Grundstück betrete. Meine ganze Habe trage ich bei
mir: zwei Koffer, dazu Motorradhosen und einen „Fliegersack" auf dem Rücken. Überrascht mustert er mich,
als ich mich ihm als neuer Kaplan vorstelle, denn ich sehe
nicht sehr einladend aus: unrasiert, müde und übernäch-
tigt nach meiner neuntägigen Anreise und der letzten

Nacht auf dem Fußboden des Dresdener Wartesaales, dazu hungrig und vor allem durstig.

„Wie geht es Ihnen? Wo kommen Sie denn her, und wie sind Sie hierher gereist?" – Diese Fragen hatte ich erwartet. – Nichts von alledem! „Das ist ja schön", sagt er, „da kann ich Sie ja gleich mal zu den Leuten führen, die für Sie sorgen werden." Und er führt mich zu einem kleinen Kutscherhaus auf dem Vorplatz, in dem eine weißhaarige Flüchtlingsfrau mit ihrer Tochter, einer Fürsorgerin aus Oberschlesien, wohnt. Ausgerechnet die hatte er überredet, meine Beköstigung zu übernehmen! Nach der Vorstellung dort geht er mit mir zum Pfarrhaus, die Treppe hinauf an seiner Wohnung vorbei bis unter das Dach, wo er mir zwei leerstehende Zimmer mit schräger Decke als meine Wohnung vorführt. Das einzige Möbelstück ist ein Stahlbett aus Winkeleisen mit grauer Matratze. „Leider haben wir noch keine Möbel auftreiben können", entschuldigt er sich, „aber das wird wohl in den nächsten Tagen gelingen." Mit den Worten „Darf ich mich nun verabschieden?" verschwindet er in seine Wohnung ...

Ich werfe meinen Fliegersack in dem leeren Zimmer auf den Boden, setze mich darauf und denke: „Wenigstens eine Tasse Malzkaffee hätte er dir wohl anbieten können." Aber für solche Nebensächlichkeiten hatte er ja seine Flüchtlinge delegiert. Erst am nächsten Tag darf ich seine Wohnung zu einer Dienstbesprechung betreten.

Bei meinen Flüchtlingen aber bekomme ich das, was ich im Pfarrhaus entbehren muß: Menschlichkeit und Wärme! Frau Stuck ist eine prächtige Frau; unermüdlich ist sie unterwegs, um etwas Eßbares aufzutreiben: Brennnesseln und sonstiges Ersatzgemüse, Pilze und Bucheckern. Einige Male wagt sie sich um die Mittagszeit an den Zaun der russischen Kommandantur, auf deren Hof die

Mannschaft Essen faßt, steckt ihren Stieltopf durch den Stacheldraht und erhält von gutmütigen Soldaten einen Schlag nahrhaftes Mittagessen, das sie dann glücklich mit mir und ihrer Tochter teilt.

Am dritten Tag muß ich mich polizeilich melden, schon um Lebensmittelmarken zu erhalten. Mir ist mulmig zumute, weil ich ja nicht im Quarantänelager gewesen war. Die Beamtin fragt: „Ihr früherer Wohnort?" – „Gronau" – „Wo liegt denn das?" „Kreis Ahaus", sage ich freundlich, als ob das ganz in der Nähe liege. „Ach so", gibt sie sich zufrieden, aus Scham darüber, daß sie diese beiden Städte nicht kennt. So komme ich ohne Quarantänelager zu meinen Lebensmittelkarten. Als „Opfer des Faschismus" erhalte ich sogar Stufe 4, eine Stufe höher als für die gewöhnlichen Sterblichen.

Ein ganz außerordentliches Glück: Mein Nachfolger hatte nach meiner Verhaftung mein Leichtmotorrad und meinen alten Opel in Oschatz untergestellt. Beides erhalte ich zurück: das Auto hatte bereits ein KP-Genosse für sich „beschlagnahmt".

Nach drei Wochen fahre ich zum Bischof, um mich ihm als ein dem KZ glücklich Entkommener erneut vorzustellen. „Wie geht es Ihnen, wie sind Sie untergebracht?" – Ich erzähle ihm von meinen Empfang in Radebeul. Zornig schlägt er auf den Tisch: „Sagen Sie Ihrem Pfarrer, daß er sofort seinen Kaplan verliert, wenn er Sie nicht augenblicklich in seinen Haushalt aufnimmt!" – Ich aber protestiere: „Nein! Ich möchte nicht in diesen Pfarrhaushalt, wo ich mich nie wohl fühlen könnte." Bei den Heimatvertriebenen sei ich viel besser aufgehoben.

Eine Woche später treffe ich in Pirna mit Dr. Benno Scholze, einem einstigen Leidensgenossen im KZ Dachau, zusammen. „Was, Du bist Kaplan?" sagt er, „als KZler steht Dir eine selbständige Stelle zu. Komm zu mir! Von meinem Pfarrbezirk wird die Lokalkaplanei Berggießhübel abgetrennt. Dort kannst Du die Seelsorge neu aufbauen." Ich wende ein: „Ich bin erst einen Monat in Radebeul und kann doch nicht gleich wieder gehen." Er sagt: „Laß mich nur machen. Du brauchst nichts zu tun. Wenn der Bischof zur Firmung nach Pirna kommt, werde ich das schon durchsetzen."

Und tatsächlich willigt der Bischof ein und ernennt mich zum Lokalkaplan von Berggießhübel.

Von Radebeul nahm ich „meine" Flüchtlinge mit. Die Tochter wurde als Seelsorgehelferin anerkannt und konnte mir dort noch lange Zeit helfen, bis sie ihren aus der Kriegsgefangenschaft heimgekehrten Verlobten heiratete.

Bischof Heinrich Wienken – Haltung der Kirche unter den Diktaturen

Bischof Petrus Legge hatte, als er 1936 im Gefängnis war, Heinrich Wienken als Koadjutorbischof mit dem Recht der Nachfolge erhalten. Dieser wurde nach der Rückkehr von Bischof Legge „arbeitslos" und kehrte 1937 nach Berlin zurück, wo er vorher Caritasdirektor gewesen war. Dort versah er nun im Auftrag der Fuldaer Bischofskonferenz das Amt des Verhandlungsführers der deutschen Bischöfe bei der NS-Regierung und wurde deswegen „der braune Bischof" genannt. Er war ein geschickter Diplomat. Natürlich war er kein Bischof vom Schlage eines Galen oder Preysing, die ja scharfe Nazi-Gegner waren. Als man ihn daraufhin einmal ansprach, sagte er: „Wenn man einen Löwen zähmen will, darf man ihn nicht in den Schwanz kneifen." Aber er hat viel für die im KZ gefangenen Priester getan und darüber hinaus mit Männern des politischen Widerstandes (Kreisauer Kreis) Kontakte gepflegt, was für ihn und seinen Aufgabenbereich besonders gefährlich war.

Nach einem Vortrag 1996 in Erfurt über meine KZ-Zeit sagte ein Journalist bei einer Pressekonferenz: „Wie fühlten Sie sich nach Ihrer Einlieferung ins KZ, preisgegeben der Willkür roher SS-Leute und im Stich gelassen von der ‚Amtskirche'?" Meine Antwort: „Ich muß Ihnen widersprechen, denn dieses Pauschalurteil über die Kirche ist falsch. Es trifft nur zu auf die wenigen evangelischen Geistlichen, mit denen ich in Dachau auf der gleichen Stube war. Sie waren Einzelkämpfer, mit dem Rücken an der Wand, ohne Rückhalt ihrer Kirche, die ja in der ‚Reichskirche' (mit Reichsbischof Müller) durch die ‚Deutschen Christen' eine ‚braune' Kirche geworden war und sich um die NS-Gegner nicht kümmerte.

Die katholische Kirche aber hat sich in vielfältiger Weise um folgende Erleichterungen für uns bemüht. (Die SS-Führung hat diese zwar immer wieder hintertrieben und ausgehöhlt, und das letzte Ziel, unsere Entlassung, wurde erst im März 1945 und leider nur zu 50 % erreicht.):

1. Die Zusammenführung aller gefangenen Geistlichen im Machtbereich Hitlers nach Dachau in einen eigenen Priesterblock, in dem wir zusammenlebten und uns gegenseitig stärken konnten. (Nicht in allen Fällen klappte es mit der Zusammenführung: P. Maximilian Kolbe z. B., der 1941 in Auschwitz verhungerte, hätte längst bei uns in Dachau sein müssen.)

2. Die Erlaubnis, im Priesterblock eine Kapelle zu errichten. (Sie bestand aus zwei Stuben auf Block 26, war aber nur für Priester zugänglich. Schon im September 1941 wurden die polnischen Priester davon ausgeschlossen.)

3. Die Arbeitsbefreiung 1941 für ein paar Monate – sie wurde hintertrieben durch zahlreiche Arbeitseinsätze als Verfügbare bzw. Uneingeteilte.

4. Eine große Brevierspende für alle Priester.

5. Eine Kakao- und Weinspende der deutschen Bischöfe. (Besonders die Ausgabe des Weines geschah unter entwürdigenden Umständen: Alle saßen an den Tischen, den Alu-Becher vor sich: Erstes Kommando: Einschenken! Zweites Kommando: Aussaufen! Und der ganze Becher mußte in einem Zug geleert werden. Diese Spende nützte uns körperlich nicht viel, aber psychologisch.

6. Die Entlassung von rund 90 Priestern kurz vor Kriegsende."

Bischof Wienken war ein selbstloser Mann der Kirche. (Er brauchte kein Testament zu machen, denn er hatte seine geringe Habe vor seinem Tod restlos verschenkt.) Beim Einmarsch der Russen in Berlin sind viele aus Angst geflohen. Wienken blieb dort, nahm sofort als Vertreter der katholischen Kirche Kontakt mit der russischen Militäradministration in Karlshorst auf und erreichte vieles, nicht nur für die Kirche, sondern auch im humanitären Bereich. (Er rettete z. B. einen politischen Gefangenen vor dem Abtransport nach Sibirien.)

Als die DDR-Regierung 1949 etabliert war, wurde er dort automatisch wieder Sprecher der katholischen Kirche. Nun bekam er den Beinamen „der rote Bischof". Seine Einstellung zur staatlichen Obrigkeit war aber ähnlich konservativ wie die des Bischofs von Galen.

Nach dem Tod Bischof Legges 1951 war er für einige Jahre Bischof von Meißen, bis er aus Alters- und Krankheitsgründen wieder nach Berlin zurückging. In dieser Zeit hatte ich mit ihm eine Begegnung, die für ihn typisch war: In Wilsdruff mußte meine Seelsorgehelferin, Schwester Agnes, bei Kälte, Wind und Wetter mit dem

Fahrrad auf die Dörfer zum Religionsunterricht fahren. In dieser Zeit kamen in Westdeutschland die Mopeds auf. Ich fuhr nach West-Berlin, was ja damals noch möglich war, und erbat mir vom dortigen Caritasdirektor einen Gutschein für ein Moped. Ich fuhr damit kühn über den Potsdamer Platz, auf dem alle vier Sektoren zusammenstießen, nach Ost-Berlin und weiter nach Zossen (DDR). Von da schickte ich es als Frachtgut nach Wilsdruff. Weil Bischof Wienken ernstlich erkrankt war, fuhr ich nochmals zurück an sein Krankenbett und erzählte ihm freudestrahlend, daß es mir gelungen sei, ein Moped für die Seelsorge in Wilsdruff aus West-Berlin in die DDR zu schmuggeln. Er machte ein strenges Gesicht und sagte: „Wenn man in einem Staate lebt, muß man sich nach den Gesetzen des Staates richten." Ich bin aber bis heute bei meiner gegenteiligen Meinung geblieben und dachte mir: Er ist eben ein Mann des vorigen Jahrhunderts.

Bischof Heinrich Wienken anläßlich der Firmung in Wilsdruff mit Pfarrer Echinger von Freital (r.) und Kaplan Scheipers

SBZ/DDR und Kirche –
Konfrontation und Umarmungstaktik

Ich war nun in der SBZ (Sowjetische Besatzungszone) und gespannt, wie die sowjetische Besatzungsmacht sich der Kirche gegenüber verhalten würde. Mir war klar, daß es zwischen Christentum und Kommunismus keine Koexistenz geben konnte. Zudem hatten sich die Kommunisten in allen Ländern, in denen sie an die Macht kamen, wie die Nazis als weltanschauliche Diktatur etabliert und schwere Christenverfolgungen durchgeführt. Aber es gab auch in diesen Staaten Perioden der Duldsamkeit den Kirchen gegenüber, die jedoch – wie zu Beginn bei den Nazis – taktisch bedingt waren.

Ein großer Vorteil für die Kirchen war nach dem Krieg ihre sogenannte antifaschistische Vergangenheit. Vor allem die katholische Kirche konnte auf die große Zahl der Märtyrer in der NS-Zeit hinweisen. Daraus sind wohl auch die bedeutenden Erfolge von Bischof Wienken zu erklären, der als Vertreter der deutschen Bischöfe einst in der NS-Zeit mit der Gestapo verhandelt hatte und nun als Sprecher der katholischen Kirche mit den Russen in Karlshorst und später mit der DDR-Regierung Kontakt aufnahm. (Wienken erreichte z. B. 1951 die Lizenz für den St. Benno-Verlag, ferner die Errichtung des Priesterseminars in Erfurt.)

Das Programm der Sowjets hieß 1945: Schaffung eines demokratisch-antifaschistischen Volksfront-Deutschlands als Vorstufe auf dem Weg zum Sozialismus. Dabei wurde der Kampf gegen den Faschismus zum Alibi für die Durchsetzung der kommunistischen Ziele und der entsprechenden Machtpositionen.

Das konnte ich als Opfer des Faschismus persönlich erfahren: 1946 wurde die VVN (Vereinigung der Verfolgten des Nationalsozialismus) mit der Zentrale in Hamburg gegründet. Ich wurde Mitglied und wollte dann bald darauf wieder austreten, weil in den Veröffentlichungen ausschließlich Propaganda für den Kommunismus gemacht wurde. Der Austritt erübrigte sich aber, denn kurz nach der Gründung der DDR wurde die VVN aufgelöst, aber nur für die DDR. In Westdeutschland existierte und agierte sie bis vor wenigen Jahren weiter als kommunistische Tarnorganisation. Der Hintergrund war ein Machtkampf zwischen den Emigranten-Kommunisten (Ulbricht-Gruppe), die in Moskau geschult worden waren, und den KZ-Kommunisten, bei dem natürlich die KZler unterliegen mußten. Die Nichtkommunisten im Westen gründeten den BVN (Bund der Verfolgten des Naziregimes); die DDR-KZler waren von da an eine einflußlose Veteranengruppe, deren Mitglieder nach Erreichung des Rentenalters eine sog. Ehrenrente erhielten.

Auch in meiner Seelsorgsarbeit habe ich oft erfahren, wieviel Unrecht gerade in den ersten Jahren nach dem Krieg unter der Devise „Kampf gegen den Faschismus" geschehen ist:

1. Die Enteignung ehemaliger Nazi-Aktivisten traf auch so manche Christen, die keine Nazis gewesen waren, aber auch keine Kommunisten werden wollten. In Börnersdorf (Kreis Pirna) traf ich einen völlig verarmten katholischen Arzt, dessen Privatsanatorium auf dem Gut Giesenstein bei Gottleuba enteignet worden war, obwohl er Nazi-Gegner war.

2. Die politischen Säuberungsaktionen verliefen ohne Rechtsschutz für die Opfer bei Nacht und Nebel. In Schirgiswalde (80 % katholisch) war ein gut katholischer Bürgermeister auf Drängen seiner Freunde in die NS-Partei eingetreten, um die Gemeinde vor einem scharfen Nationalsozialisten als Nachfolger zu bewahren. Ich hatte

dort später guten Kontakt mit einer Jüdin, die er geschickt durch fortlaufende Arbeitsbescheinigungen vor dem Transport in ein Vernichtungslager bewahrt hat. Trotzdem holten die Russen ihn ab. Er starb bald darauf im Lager Mühlberg/Elbe.

3. Die Russen kannten keine kirchliche Jugendbewegung. Es war gefährlich, sich außerhalb der Kirche mit einer Jugendgruppe zu zeigen. Man witterte überall Hitlerjugend- bzw. Werwolf-Nachfolge. Mein Freund, Kaplan Dr. Fuchs, wurde wegen seiner Jugendseelsorge in Dresden vom KGB beschattet. Die Versetzung nach Leipzig nützte nichts. Von da mußte er in den Westen fliehen.

4. 1951 fuhr ich mit Jugendlichen in den mir bekannten Hubertusburger Forst, um dort an den Waldteichen zu zelten. Wir stießen auf eine Gruppe von Jungen aus Leipzig, die ebenfalls dort zelteten. Sie hatten die „Deutsche Jungenschaft", die in der Nazizeit verboten wurde, wieder zum Leben erweckt. Nachdem wir zu unserm Glück rechtzeitig nach Hause gefahren waren, wurde die ganze Leipziger Gruppe verhaftet. Der Anführer, ein Student, verschwand für immer in einem sibirischen Gefangenenlager.

5. Anfang der 50er Jahre wurden noch vier Jesuiten mit Gefängnis bestraft; später vermied man solche Aufsehen erregenden Aktionen. Man wollte keine Märtyrer schaffen.

Derart brutale Praktiken, vor allem auch die Weiterführung der KZ Sachsenhausen und Buchenwald, führten zu Interventionen durch Bischof Wienken und zu scharfen Protesten durch Kardinal von Preysing, der offen die Analogie zu den KZ der Nazis zog. Den größten Konfliktstoff brachte der Anspruch auf das staatliche Erziehungsmonopol, denn die „demokratische Einheitsschule" wurde eine Erziehungsanstalt zum Kommunismus und Atheismus. Dies war wohl die schwerste Belastung für alle Christen in den 40 Jahren der DDR. Wie sehr Eltern und Kinder darunter zu leiden hatten, erlebte ich besonders als Pfarrer von Schirgiswalde.

Mit der Gründung der DDR (1949) trat eine Verfassung in Kraft, auf die Bischof Wienken noch Einfluß gehabt hatte und deren kirchenpolitische Regelungen sich an die Weimarer Verfassung anlehnten (Trennung von Kirche und Staat). Aber es erging dieser Verfassung wie dem Reichskonkordat Hitlers: Alle für die Christen positiven Bestimmungen wurden gebrochen oder durch Erlasse außer Kraft gesetzt. Die christlich aktiven Jugendlichen wurden kriminalisiert, und das Staatsmonopol in der Schule wurde noch mehr gefestigt. Auch die Erlaubnis, in den Schulen Religionsunterricht zu halten, die mir in den Diasporagebieten eine große Hilfe war, wurde bald aufgehoben. Wir mußten dann um Gastrecht in evangelischen Konfirmandenräumen bitten.

Dazu kam noch die langjährige Auseinandersetzung um die Jugendweihe, bei der ich von der Kanzel aus den Gläubigen offen erklärte: „Ihr erfahrt doch selber immer wieder, daß unser Staat hier nicht mit ehrlichen Karten spielt, wenn dauernd behauptet wird, die Teilnahme an der Jugendweihe sei freiwillig und eine Nichtteilnahme habe keine negativen Folgen für die Kinder." Die Jugendweihe war nur ein Teil des Kampfes, der mit dem Übergang von der „antifaschistisch-demokratischen" zur „sozialistischen" Gesellschaft in den 50er Jahren einsetzte. Hier ging es nicht mehr um Veränderung von gesellschaftlichen Strukturen, sondern um das Bestreben, den Atheismus mit allen Macht- und Druckmitteln des Staates in der ganzen Bevölkerung durchzusetzen. Bischof Spülbeck sagte auf dem Kölner Katholikentag (1956): „Wir leben in einem Haus, dessen Grundfesten wir nicht gebaut haben, dessen tragende Fundamente wir sogar für falsch halten. Wir leben also nicht nur kirchlich in der Diaspora, sondern auch staatlich." Honecker verlangte als Chef der FDJ (Freie Deutsche Jugend) den ideologischen Kampf vor allem an den Universitäten und Schulen, und Ulbricht verkündete 1958 wie ein neuer Mose die 10 Gebote sozialistischer Moral. Die Staatsideologie des Dialektischen Materialismus sollte alle Bereiche des geistigen Lebens – Wissenschaft, Erziehung, Kunst und Literatur – beherrschen. Professor Albert Norden, Chef der SED-Propaganda, erklärte 1958 seinen Mitarbeitern im Zentralkomitee der SED: „Die Kirchen sind der letzte organisierte Feind in der DDR."

Nach dem Mauerbau (1961) kam mit der allgemeinen Wehrpflicht noch hinzu, daß diese „Errungenschaften" des Sozialismus besonders auch von Schülern und Studenten mit der Waffe verteidigt werden mußten.

Die christlichen Studentengemeinden wurden in der DDR – wohl mit Rücksicht auf das westliche Ausland – nicht verboten, jedoch stark durch die Stasi beschattet. Bei einem Vortrag über meine KZ-Zeit vor rund 100 Studenten in Dresden habe ich damals folgenden Text aus dem Buch: „Das Reich der niederen Dämonen" von E. Niekisch, Rütten u. Loening 1957, zitiert: „Nur noch nationalsozialistischen Einflüssen sollte künftighin die studierende Jugend unterworfen sein. Der Parteidienst wird bei Prüfungen angerechnet, er schließt Wissenslücken. Die Universität wird auf Gnadenbrot gesetzt, sie wird zur nationalsozialistischen Konfirmandenanstalt, zur nationalsozialistischen Instruktionsstunde. Selbst das Fachwissen wird noch in nationalsozialistischer Weltanschauungstunke serviert. Der Nationalsozialistische Studentenbund aber sollte Sorge dafür tragen, daß die Zöglinge auch außerhalb der wissenschaftlichen Unterweisungen in der

Furcht des braunen Herrn wandelten. In regelmäßigen Kursen sollten sie endlos in die völkische Weltanschauung eingeführt werden. Über die politische Grundschulungsarbeit ging der Weg zur Führerausbildung. Aber die Universität war ebenso Kadettenanstalt: Der Student sollte mit der Flinte so flink zur Hand sein wie mit dem völkischen Parteiprogramm." Nach diesen letzten Sätzen begannen die Studenten ein ohrenbetäubendes Beifallgetrommel. Sie begriffen die Analogie ihrer eigenen Situation zu dem NS-System. Wegen der gewiß anwesenden Stasi-Spitzel konnte ich zu diesem Beifall nur schweigen.

Die rigorose ideologische Durchsetzung des Sozialismus führte, vor allem bei den Christen, zu einer wachsenden, oft panikartigen Fluchtbewegung in den Westen, die schließlich durch den Mauerbau beendet wurde. Dadurch verloren die katholischen Gemeinden oft ihre aktivsten Mitglieder, da diese vor allem keine Zukunftsperspektive für ihre Kinder mehr sahen. Besonders die Heimatvertriebenen, die nicht viel zu verlieren hatten, nutzten meist die Möglichkeit, über Westberlin der DDR zu entkommen.

Es kam dann aber auf evangelischer Seite zu Verhandlungen mit der DDR-Regierung, die von seiten des Staates zu einer neuen, auf Umarmung zielenden Taktik führte. Ulbricht: „Das Christentum und die humanistischen Ziele des Sozialismus sind keine Gegensätze." Diese Taktik entsprach dem Versuch der Kommunisten in der ČSSR, durch die staatliche Priestervereinigung „Pacem in terris" sich den gesamten Klerus gefügig zu machen. So manche evangelischen Pfarrer und Kirchenvertreter sind in der DDR Opfer dieser Umarmungstaktik geworden. Auf katholischer Seite hatten die Kommunisten bei uns damit – bis auf verschwindend geringe Ausnahmen – keinen Erfolg. Das lag auch an der stärkeren Disziplin in der katholischen Kirche, durch die die Bischöfe ihren strikten Abgrenzungskurs gegenüber dem Staat durchhalten konnten: Gespräche mit Vertretern des Staates konnten Pfarrer nur auf Gemeindeebene mit Bürgermeistern, die Dekane nur auf Kreisebene führen. Für die Bezirksebene und darüber gab es Beauftragte des Bischofs.

Auf dem 7. Parteitag der SED (1967) wurde der Sieg des Sozialismus und eine neue Verfassung verkündet. In der Folgezeit schlossen sich die evangelischen Landeskirchen in der DDR zu einem Kirchenbund zusammen. Ihr Konzept „Kirche im Sozialismus" sollte bessere Beziehungen zum Staat ermöglichen. Es war die Zeit des Grundlagenvertrages mit der BRD, der viele Erleichterungen (z. B. Reiseverkehr) mit sich brachte. Aber an der Basis blieb die unerträgliche Konfliktsituation weiter bestehen. Die Selbstverbrennung von Pastor P. Brüsewitz in Zeitz 1976 war dafür ein deutliches Signal.

Jedoch kam es, besonders nach der Entmachtung Ulbrichts, zu einer gewissen Lockerung im Verhältnis zwischen Kirche und Staat. Das hing damit zusammen, daß die DDR-Führung die Traditionen der deutschen Geschichte für sich in Anspruch nehmen wollte – natürlich nur, soweit sie „progressiv, revolutionär und humanistisch" waren. Nun war Luther nicht mehr der „reaktionäre Fürstenknecht" (Engels), sondern Auslöser einer revolutionären Volksbewegung; man nahm ihn sogar für die „bewaffnete Verteidigungsbereitschaft" der DDR in Anspruch (CDU-Vorsitzender Götting im Lutherjahr).

Für die evangelischen Christen hatte die neue Tendenzwende den Vorteil, daß sie leichter gewisse Themen (Friedensdiskussion, Wehrdienstverweigerung, Wehrkunde in der Schule u. a.) ins Gespräch bringen und dadurch auch wesentlich zur späteren „Wende" beitragen konnten.

Aber die Grundsituation für die Christen beider Konfessionen hat sich auch damals nicht geändert: Der weltanschauliche Druck, die Einschränkungen für das berufliche Weiterkommen, vor allem die Belastungen des sozialistischen Bildungssystems für eine christliche Erziehung (die Forderung zum Haß des „Klassenfeindes"), bestanden für beide Seiten unvermindert weiter. Weder gab es für die evangelischen Christen eine Besserung wegen der größeren Offenheit dem Staat gegenüber, noch für katholische Gläubige eine Verschlechterung wegen ihrer streng durchgehaltenen Distanz gegenüber Staat und Gesellschaft.

Die Tatsache jedoch, daß z. B. Honecker nicht nur Bischof Schönherr (Berlin), sondern auch den katholischen Bischof Schaffran empfing, hat vielleicht auch dazu beigetragen, daß ein gegen mich geplanter Prozeß wegen „staatsfeindlicher Hetze" (§ 106 StGB) nicht zur Ausführung kam.

Religion und Kirche waren also in den 40 Jahren der DDR-Diktatur durchweg gesellschaftlich ausgegrenzt. Die Kirche war für die Öffentlichkeit praktisch nicht existent. Ich selbst mit meiner „antifaschistischen Vergangenheit" war ebenso ausgegrenzt: Ich durfte die Vorträge über meine KZ-Erlebnisse immer nur in kirchlichen Räumen, nie in Schulen oder in der Öffentlichkeit halten. Ich habe diese erst etwa 20 Jahre nach meiner Befreiung begonnen, und zwar in evangelischen und katholischen Gemeinden, in denen sie sehr erwünscht waren, weil Kinder und Jugendliche in der DDR durch die staatliche Erziehung den Eindruck bekamen, daß praktisch nur Kommunisten und Sozialisten in den Konzentrationslagern waren, allenfalls noch die Juden. Von Christen war da fast nie die Rede.

Nur gelegentlich – besonders nach dem 7. Parteitag mit der neuen Verfassung – wurde die Kirche doch wieder gesellschaftlich relevant, und zwar dann, wenn man sie vor den Karren der Partei spannen wollte. Das sollte ich vor allem Ende der 60er Jahre spüren. In dieser Zeit wurde jährlich ein „Friedenskongreß europäischer Katholiken" veranstaltet, zu dem besonders regimetreue Priester aus allen sozialistischen Ländern zusammenkamen – aber auch vereinzelte aus Westeuropa –, um für einen Frieden Moskauer Prägung Propaganda zu machen. Da es der Partei nie gelungen war, auch nur einen einzigen Priester aus der DDR für diesen Kongreß zu gewinnen, versuchten sie es bei mir – sozusagen als Gegenleistung für ein Entgegenkommen ihrerseits: Meine Zwillingsschwester, die mich in der NS-Zeit vor dem Tod in der Gaskammer gerettet hat, war nämlich plötzlich durch einen Unfall gelähmt. Weil sie aber nur per Auto noch reisefähig war, stellte ich den Antrag, sie mit dem Pkw zu mir holen und zurückbringen zu dürfen. Es waren gerade die Reiseerleichterungen des Grundlagenvertrages in Kraft getreten, und dadurch bekam ich wider Erwarten die Genehmigung. Nun erwartete man von mir für diese Freundlichkeit, daß ich zum Friedenskongreß käme. Ich mußte zu der Zeit aus einem anderen Grund nach Berlin und sagte: Ich wüßte nicht, ob ich für den Kongreß Zeit erübrigen könne. Nun wurde alles in Bewegung gesetzt: Telefonische Mitteilung, im Hotel Berolina sei mein Zimmer schon reserviert. Ich sagte, das brauche ich nicht, ich habe meine Leute, bei denen ich übernachten kann. Neuer Anruf mit dem Angebot, mich per Taxi von Schirgiswalde (an der tschechischen Grenze!) nach Berlin bringen zu lassen.

Meine Antwort: „Danke, ich fahre lieber mit dem Zug."

Nachdem ich dann auf dem Friedenskongreß nicht erschienen war, habe ich die Folgen dieser „Undankbarkeit" in der nächsten Zeit bei jeder „Feindberührung" mit den Behörden verspürt. Wahrscheinlich gehörte zu diesen Folgen auch die vierjährige intensive Bespitzelung durch die Stasi ab 1970 mit dem Ziel, mich wegen „staatsfeindlicher Hetze" zu verurteilen.

Dem gleichen Ziel der „Umarmung" durch den Staat dienten auch Besuche von regimetreuen Geistlichen aus der ČSSR in der DDR, die dann über „die gute Zusammenarbeit zwischen Kirche und Staat in der Tschechoslowakei" berichteten. Zu Treffen mit solchen Priestern wurde ich einige Male eingeladen, konnte jedoch immer unter irgendeinem Vorwand ausweichen.

Schwierig wurde es aber, als ein solches Treffen in Schirgiswalde veranstaltet wurde. Der Bürgermeister (CDU) überbrachte mir persönlich die Einladung. Mein letztes Bauvorhaben, das Alterspflegeheim, stand nun auf dem Spiel. Wenn ich wegbliebe, wäre die noch ausstehende Baugenehmigung in Gefahr. – Schließlich erklärte sich auf meine Bitte hin der Pfarrgemeinderatsvorsitzende bereit, als Vertreter der Pfarrei an der Veranstaltung teilzunehmen, weil ich verhindert sei.

Seine Rolle als „Bauernopfer" erläuterte ich ihm durch ein „Gleichnis": Wenn in Sibirien Wölfe einen Schlitten verfolgen und es gibt kein Entkommen mehr, wird einer von den Insassen vom Schlitten gestoßen, auf den sich dann das ganze Wolfsrudel stürzt. Die Übrigen werden dadurch gerettet.

„Seht, ich sende euch wie Schafe mitten unter die Wölfe. Seid also klug wie die Schlangen und arglos wie die Tauben. Nehmt euch aber in acht vor den Menschen." (Mt 10,16f.)

Lokalkaplan in Berggießhübel

Das Motiv für meine Rückkehr in die sächsische Diaspora war die Situation der Heimatvertriebenen gewesen, von der ich in Ochtrup und Gronau durch Rundfunk und Presse erfahren hatte. Sie war die einer „Herde ohne Hirten".

In Berggießhübel wurde mir nun eine solche „Herde" anvertraut: 90 % meiner Gemeinde – in rund 20 Dörfern und zwei Kleinstädten meist sehr schlecht untergebracht – waren Vertriebene, zumeist aus dem benachbarten Sudetenland. Letztere standen unter einem doppelten Schock: Sie hatten die Heimat und zugleich Hitler verloren, an den sie durchweg als ihren Befreier geglaubt hatten.

Hier war ich also in meinem Element: Es galt, die Zerstreuten sonntags zur Eucharistiefeier zu sammeln und den Kindern Religionsunterricht zu ermöglichen. Dabei war mir das nach 1945 allgemein gewährte Gastrecht der evangelischen Kirche eine sehr große Hilfe, ferner – damals noch – die Möglichkeit, in den Schulen Religionsunterricht zu halten. Nun kam mein Leichtmotorrad zu Ehren, denn für den alten Pkw reichte der kontingentierte Sprit nicht. Später konnte ich es einem anderen Priester schenken, denn ich erhielt – für die damalige Zeit ein außerordentliches Geschenk – eine neue 250 Kubikzentimeter DKW-Maschine, die 1939 gekauft, aber nicht benutzt worden war, weil der Besitzer in den Krieg mußte und in Rußland ums Leben kam. Sein Vater hatte es in Borna bei Leipzig in Einzelteilen vor Kriegsende vor den Russen versteckt. Als er sich entschloß, es mir zu überlassen, hatten die Russen gerade einen Termin festgesetzt, nach dem jedes nicht bis dahin gemeldete Kraftfahrzeug an die Besatzungsmacht fiel.

Ich reiste nach Borna, suchte die Teile und ließ das Fahrzeug in einer Werkstatt zusammenbauen. Abends fuhr ich dann damit – ohne Nummer! – die 200 Kilometer bis Berggießhübel, immer möglichst über die Dörfer, um einer Polizeikontrolle zu entgehen, und war nun glücklicher Besitzer – aber ohne Fahrzeugpapiere. Da kam mir mein Freund Kaplan Dr. Fuchs in Leipzig zu Hilfe. Ich schickte ihm die Motor- und Fahrgestellnummer. In seiner Jugendgruppe gab es nämlich eine Dolmetscherin beim dortigen russischen Kommandanten. Diese bereitete den Registrierschein vor und legte ihn dem Kommandanten, als er gerade mal betrunken war, zur Unterschrift vor. So konnte ich nun erleichtert mein neues Motorrad bei der Kreispolizei in Pirna anmelden.

In Berggießhübel habe ich das dritte Mal in meinem Leben gehungert. 1946 und 47 gab es noch oft zum Frühstück nur Pellkartoffeln. Bettler kamen an die Haustür und erbaten sich nur eine Schnitte Brot. Meine gute Frau Stuck konnte nie jemanden abweisen und gab immer von dem Wenigen. Aber, wie sie oft versicherte, kam dafür immer wieder etwas anderes herein: Körner z. B. oder Obst, das ihr jemand schenkte. Auch war sie, wie in Radebeul, viel unterwegs, um Pilze und ähnliches zu sammeln.

Um Benzin zu sparen – bergab fuhr ich sowieso immer im Leerlauf – hatte ich an einem Tag an drei verschiedenen Orten hintereinander Religionsunterricht organisiert, mußte aber dann bereits früh um 7 Uhr, d. h. vor Beginn des Schulunterrichtes, in Liebenau an der tschechischen Grenze beginnen. Ein Drittel der Kinder waren dort Flüchtlingskinder, aber die übrigen waren Kinder von Bauern, die keine Not litten. Wenn ich früh vor Eintreffen der Kinder in der Schule ankam, habe ich zunächst die Schulbänke durchsucht und fand oft noch zurückgelassene, vertrocknete Schulschnitten vom Vortag, die mir gut geschmeckt haben! Mit der Zeit aber gab es dann auch

„Beziehungen" und Pakete aus der Heimat. Frau Stuck bekam sogar plötzlich von einer Bekannten aus Amerika per Frachtpost einen Sack Weizenmehl. Der mußte damals persönlich in Leipzig (!) abgeholt werden. Sie fuhr per Bahn und ich mit dem Leichtmotorrad nach Leipzig, quittierte den Empfang, schenkte dem gierig blickenden Beamten ein Kilo von dem kostbaren Mehl, übergab mir den Sack, den ich auf meinem Leichtmotorrad die 200 km nach Berggießhübel transportierte, weil sie fürchtete, daß er ihr unterwegs von Helfern beim Umsteigen geraubt werden konnte.

Mein „Pfarrhaus" in Berggießhübel war eine ehemalige Arbeitsdienstbaracke, in meinem Schlafzimmer stand neben dem Stahlbett die kostbare DKW-Maschine. Trotz all dieser äußeren Nöte gehört die Zeit in Berggießhübel zur schönsten Zeit meiner priesterlichen Tätigkeit. Von den Gläubigen, die spürten, daß ich ganz für sie da war und mich um all ihre Probleme kümmerte, schlug mir eine Welle der Dankbarkeit entgegen. Auch wurde mir durch ehrenamtliche Helferinnen in den verschiedenen Ortschaften vielfältige Hilfe geschenkt. Zwei davon ließen sich später als Katechetinnen ausbilden und wirkten in Thüringen, Nürnberg und München.

Weil ich in den ersten Monaten nach der Vertreibung möglichst alle – auch die zahlreichen der Kirche Fernstehenden – erreichen wollte, habe ich am Weihnachtsfest 1946 in sämtlichen evangelischen Kirchen meines Bezirkes Gottesdienst gehalten und bin dabei an den drei Tagen auf 13 hl. Messen gekommen, von denen nur zwei in der Kapelle, alle anderen in verschiedenen evangelischen Kirchen gefeiert wurden. Ich mußte dabei – den Fliegersack als Meßkoffer auf dem Rücken – mit dem Leichtmotorrad über schneebedeckte Berge fahren. Aber die Anstrengung hat sich gelohnt, die Kirchen waren überfüllt.

„Bemüht euch, möglichst oft zusammenzukommen, um vor Gott die Eucharistie zu feiern und sein Lob zu singen. Wenn ihr euch nämlich in großer Zahl versammelt, überwindet ihr die Mächte des Widersachers, und sein verderbliches Wirken wird durch eure Einheit im Glauben gebrochen."
Ignatius v. Antiochien († nach 107), Brief an Epheser

Als ich später einmal, schon mit meiner neuen DKW, am Sonntag früh losfuhr, rutschte das schwere Motorrad auf einer Glatteisstelle unter mir weg in den Graben, während ich auf dem Rücken auf der Straße liegenblieb. Der Fliegersack aber fing den Sturz auf und bewahrte mich vor allem Schaden. Als ich dann, am Ziel angekommen, wegen der Kürze der Zeit meinen Kelch erst nach Beginn der Messe auf dem Altar auspackte, stellte ich fest, daß er durch den Sturz total verbogen war. Während ich das Gloria anstimmte, habe ich ihn mit aller Kraft einigermaßen wieder zum Stehen gebracht.

Unsere Holzkapelle war für den plötzlichen Zustrom von Flüchtlingen viel zu klein geworden. Es fing damit an, daß ich sie aufs Doppelte vergrößern wollte. Das Schwierigste war die Materialbeschaffung: Woher soviel Holz beschaffen? Ein katholischer Beamter im Staatsforst wußte Rat: Das Bautzener Domkapitel besaß doch auch Wälder. Dankenswerterweise lieferte es die nötigen Kubikmeter Holz an den Staatsforst, und dieser überließ uns die gleiche Menge als fertige Bretter. Die Nägel schickten meine Verwandten aus dem Westen. Als der Bau wuchs und unsere Zimmerleute hämmerten, ging ein Sturm der Entrüstung durch den roten Bevölkerungsteil des Ortes: „Wir bekommen nicht einmal für einen Karnickelstall einen Nagel oder ein Brett, und hier wird das Material in großen Mengen für die Kirche verschwendet."

Die erweiterte Kapelle in Berggießhübel

Wie in der NS-Zeit erlebte ich auch hier die gütige Hand
der göttlichen Vorsehung. Die Kosten (4.000 DM) konnten noch mit dem Geld vor der Währungsreform bezahlt
werden. (Die spätere Sanierung der Pfarrhausbaracke unter meinem Nachfolger Werner Laukus kostete schon
12.000 DM.) Die Vergrößerung des Gotteshauses war ein
Segen für die Gemeinde. Wir gründeten nun einen Kirchenchor, dessen Mitglieder z. T. auch noch bei Beerdigungen mitwirkten. Die Gemeinde blühte vor allem in
den Jahren nach Kriegsende auf.

Später aber zogen viele, besonders Jugendliche, in die
Städte, weil es auf den Dörfern – außer in der Landwirt-
schaft – keine Arbeitsmöglichkeiten gab.

Eine Konfrontation mit den Kommunisten gab es bei
dieser Tätigkeit in der Land-Diaspora kaum. Natürlich
gab es manchmal – vor allem in der Schule – krasse Fälle
von Verächtlichmachung alles Religiösen; aber viele Lehrer waren noch christlich eingestellt und konnten nur all-

120

mählich durch kommunistisch geschulte Neulehrer ersetzt werden.

Die staatliche Devise war ja in den ersten Jahren: Eingliederung der „Umsiedler" in die Volksgemeinschaft, und dabei leistete die Kirche gute Dienste.

Aber auch auf dem Lande – besonders unter den Flüchtlingen – nahm die Not kein Ende. Die Bevölkerung machte sich oft in Witzen Luft, weil die „deutsch-sowjetische Freundschaft" in Veranstaltungen und auf dem Papier zwar propagiert wurde, aber nicht real zu spüren war: Ein russischer Offizier sitzt in der Bahn einem Arbeiter gegenüber und fragt ihn: „ Wie geht's?" – „Wie soll's gehen? – Nichts zu essen!" Der Offizier: „Ach, Deutsche immer reden von Essen, wir reden von Kultur!" Der Arbeiter: „Ja, jeder redet eben immer nur von dem, was er nicht hat."

Mit großer Sorge fuhr ich alle vier Wochen nach Pirna, um bei der Kreisbehörde meine monatliche Benzinzuteilung zu holen. Ich war schon glücklich, wenn ich 15 Liter erhielt. Wenn es nicht reichte, versuchte man, etwas auf dem Schwarzmarkt zu bekommen. Aber für das Krad brauchte man auch Öl. In der Schlange vor mir wird einem Arbeiter erklärt: Diesmal gibt es kein Öl, nur Benzin. Der Arbeiter: „Wie soll ich denn mit meinem Zweitaktmotor auf Arbeit fahren können?" – „Nähm Se doch die Butter, die bei Ihnen zu Hause ranzig wird!" Noch viele Jahre später wird immer mal wieder das Benzin knapp. Wir Land-Seelsorger erwerben Fässer und Kanister, um Sprit für einen Notfall zu horten. Auf einer Priesterkonferenz tauschen die Kapläne ihre Erfahrungen aus. Der eine: „Ich habe immer 20 Liter in Reserve", der andere: „ich 50", der dritte sagt: „Wenn ich unter 100 komme, werde ich nervös."

Schlimm sieht es aus, wenn Ersatzteile fehlen. Eines Tages wird mir während des Religionsunterrichtes in

Ölsen (an der tschechischen Grenze) die Bilux-Lampe aus dem vor der Schule abgestellten Motorrad gestohlen. Ich merke es erst, als ich abends von der Kirchenchorprobe in der Dunkelheit nach Hause fahren will. Nur mit Standlicht stoße ich mit einem Radfahrer zusammen, der ohne Licht auf „Organisationsfahrt" ist. Er läßt mich auf der Straße liegen und verschwindet fluchtartig, weil er mich für den Polizisten von Berggießhübel hält. Blutüberströmt komme ich schließlich zum Schrecken meiner Haushälterin zu Hause an. Als die Wunden geheilt sind, bekomme ich auch meine kostbare Bilux-Lampe wieder. Der 12jährige Sohn des Schulleiters hatte sie für seinen Vater „organisiert". Die Bevölkerung gewöhnt sich an das „Organisieren", und das bleibt eigentlich, mehr oder weniger, bis zur Wende 1989 so. Wir Priester haben notgedrungen unseren Anteil daran.

Mir fehlten eines Tages Reifen für mein Motorrad. Ein tschechischer Priester, den ich im KZ Dachau kennengelernt hatte, lebte nicht weit von mir jenseits der Grenze. Er konnte sie mir besorgen, und sudetendeutsche Schmuggler holten sie herüber.

Als 1948 die Kommunisten in der Tschechoslowakei an die Macht kamen, ließ dieser Priester bei mir anfragen, ob ich ihm und seinen Kumpanen bei der Flucht vor den Kommunisten helfen könnte. – Er kam dann mit zwei Nationaltschechen und seiner Sekretärin unter Mithilfe meines sudetendeutschen Organisten um Mitternacht bei mir an, und wollte am Tage weiter nach West-Berlin. Da er Angst vor einer Kontrolle der Volkspolizei hatte, lieh ich ihm – er sah mir sehr ähnlich – meinen Personalausweis, mit dem er auch glücklich nach West-Berlin entkam. Den Ausweis erhielt ich per Einschreiben zurück. Diese Fluchthilfe sollte für mich und meinen Organisten später noch ungeahnte Folgen haben.

*Mit der DKW-250 -
Maschine auf
Seelsorgsfahrt
in Berggießübel*

*... und im Winter
auf Skiern*

123

Unvergeßlich bleiben mir die abenteuerlichen Motorradfahrten und so mancher Ski-Langlauf, als Berge und Felder wunderbar im Schnee glitzerten. Die Schneemassen machten ja im strengen Winter eine Motorradfahrt auf der Straße unmöglich. Denn die Straßen wurden sonntags nicht vom Schnee geräumt, weil niemand auf Arbeit fuhr. Ich aber brauchte gerade am Sonntag die Straßen.

Die Dankbarkeit der Gemeinde fand zu meiner großen Freude noch vor kurzem (1996) – nach einer Pressekonferenz in Dresden mit entsprechendem Artikel in den „Dresdener Neuesten Nachrichten" – ihren Ausdruck in der Leserzuschrift einer ehemaligen Berggießhüblerin:

„Als Vertriebene hat sich Pfarrer Scheipers 1946 auch um mich gekümmert. Er kam alle vier Wochen in unseren Ort zum Gottesdienst. Es tat ihm leid, daß ich behindert bin. Wo hätte ich in meinem Zustand arbeiten sollen? So hat er mir eine Stellung in Berggießhübel als Arzt-Sekretärin vermittelt. Damit, daß er nach seinem KZ-Aufenthalt in Sachsen geblieben ist, hat er für uns Heimatlose ein Zeichen gesetzt, denn im Westen hätte er es viel leichter gehabt. Hier ist er mit dem Motorrad auch im Winter auf die Außenstationen gefahren, die oft in den Bergen lagen.

Und er, der so im KZ gelitten hat, hatte keine Schuldzuweisungen für die Vertriebenen. Wir waren ja fast alle noch nicht wahlfähig, als der Hitler an die Macht kam. Pfarrer Scheipers hat die Menschen getröstet in ihrer Heimatlosigkeit und den Ungeborgenen die Geborgenheit der Kirche nahegebracht."

Ich erlebte auch viel Freude bei ökumenischen Treffen in evangelischen Pfarrhäusern.

Eine besondere Überraschung war die Konversion eines großen „Erbhofbauern", der nach seiner Kriegsgefangenschaft plötzlich in meinem Gottesdienst auftauchte und anschließend um Aufnahme in die katholische Kirche bat. Ich brauchte ihm keinen Unterricht zu geben – den hatte er im Kriegsgefangenenlager durch zwei Theologiestudenten erhalten. Anschließend hatte er das Gelübde abgelegt, in die katholische Kirche einzutreten, wenn er gesund heimkäme. Seine ganze Familie ist ihm gefolgt und wurde zu einer starken Stütze der Gemeinde.

Dresden – Freital – Wilsdruff

Im Herbst 1949 starb Pfarrer Hartmann von Dresden-Herz-Jesu. Ich wurde zum Pfarradministrator bestellt und lernte in der mir unbekannten Pfarrei die Schwierigkeiten und Nöte in einer völlig zerstörten Großstadt kennen. Für den Wiederaufbau fehlten alle Voraussetzungen. Um so mehr habe ich damals die Weitsicht und Tatkraft von Propst Sprentzel bewundert, der in der Schweiz Kupferblech erbettelte, um die zerstörte Hofkirche durch ein Dach vor dem völligen Verfall zu retten. Zu Herz-Jesu gehört das Johannstädter Krankenhaus, später Medizinische Akademie. Als Krankenhausseelsorger war ich schockiert, wie das Nachkriegselend dort sichtbar wurde: Krankensäle mit 20 Betten für Tbc-Patienten. Sehr bald mußte ich mir mühsam die katholischen Kranken unter Mithilfe von christlichen Schwestern heraussuchen, denn bei der Aufnahme durfte keine Konfession mehr registriert werden, und der Geistliche konnte offiziell nur auf Anforderung des Patienten einen Besuch machen. Sehr viel Freude machte mir ein katholischer Schwesternkreis. Gegenüber den atheistischen Bestrebungen blieben die Schwestern immun durch Glaubensvertiefung und Pflege der christlichen Berufsethik. Bedeutend waren auch die damaligen Jugendgruppen, die nur als Pfarrjugend existieren konnten. Bei allen Veranstaltungen waren sie aktiv. Groß war die Zahl der Konvertiten. Es war eine Aufbruchstimmung.

In all diesen Jahren, vor allem auch später in Wilsdruff und Schirgiswalde, habe ich erfahren, wie wichtig die Jugendseelsorge für die Weitergabe des Glaubens ist. Nach der Katechese in der Schulzeit braucht der junge Mensch so etwas wie eine zweite Bekehrung während oder nach der Pubertät, um sein zukünftiges Leben mit Christus gestalten zu können. Die heutige Wilsdruffer Gemeinde z. B. wäre nicht denkbar ohne die Jugendarbeit von damals.

Die Pfarrei Dresden-Herz-Jesu bekam bald mit Johannes Derksen einen neuen Pfarrer und tüchtigen Seelsorger. Er stammte vom Niederrhein, war vielseitig begabt und ein Original. Er wurde im ganzen Bistum bekannt durch seine kirchenhistorischen Romane. Er schrieb auch Theaterstücke und ließ sie in der Kirche aufführen. Sein Verdienst war die erste öffentliche Fronleichnams-Prozession seit der Reformation im „Großen Garten". Die Wirkung auf Partei und Öffentlichkeit zeigt eine Episode in einer Berufsschule: Der Lehrer fragte am nächsten Tag das einzige katholische Mädchen in der Klasse, ob sie daran teilgenommen habe. – „Ja." – „Was ist der Unterschied zwischen einer Prozession und einer Demonstration?" – Antwort: „Zur Prozession geht man freiwillig."

Wegen der Priesternot auf dem Lande wurde dieser Pfarrei (ohne Außenstationen) bald der Kaplan genommen, und ich wurde nach Freital versetzt. Es war ein Industrievorort bei Dresden, aber mit zahlreichen Dörfern und Außenstationen im Umkreis. Mir wurde der nördli-

Freitaler Jugend beim Zelten im Hubertusburger Forst

che Teil mit vier Gottesdienst- und vielen Unterrichtssta-
tionen zugeteilt, so daß ich fast täglich mit dem Motorrad
unterwegs war. Die größte Außenstation war Wilsdruff.
Dort hielten – seit 1876 schon – die wenigen Katholiken
ihren Gottesdienst in der Schloßkapelle. Im enteigneten
Schloß feierte ich nun zweimal monatlich die Messe. Weil
die Gemeinde nach 1945 durch die Flüchtlinge sprung-
haft gewachsen war, wünschten sich die Wilsdruffer
einen eigenen Priester am Ort. Pfarrer Echinger in Freital
forschte im ganzen Seelsorgsbezirk nach, wie ich bei den
Gläubigen „ankäme". Da das Urteil positiv ausfiel, schrieb
er an die bischöfliche Behörde, er habe das Gefühl, daß
ich gern selbständiger Seelsorger in Wilsdruff werden
möchte.

Aufgrund dieses „Gefühls" ernannte mich der Bischof
zum Lokalkaplan von Wilsdruff, wohin ich von mir aus
nie gegangen wäre. Aber dort hatte Gottes Vorsehung
noch so manches für mich bereit.

Hier habe ich – wie schon in Berggießhübel – erlebt, daß gerade die Kleinen und Unscheinbaren für das Reich Gottes Großes leisten können. Ich hatte da im wahrsten Sinne des Wortes das Glück, an Menschen, die alles verloren hatten, das weiterzugeben, was ich in den Jahren meiner KZ-Haft selbst erfahren habe: daß nämlich Gott denen besonders nahe ist, die ganz arm werden und preisgegeben sind den Mächten dieser Welt: als Gott, der mit uns geht, tröstend und heilend – der uns prägt und hält als Gott des Erbarmens und der Liebe. Je weniger wir in den Händen haben – und halten wollen –, um so mehr kann Gott die Leere füllen mit dem Reichtum seiner Gaben. Die Freude an Gott war damals in all unseren Bedrängnissen unsere Stärke. Ja, diese kleinen Kirchen der Heimatvertriebenen konnten für viele andere bei der Suche nach dem Sinn des Lebens Wegführer sein. Sie hatten ja Hab und Gut und Heimat verloren, manche auch noch den Glauben an die untergegangene Ideologie des Nationalsozialismus, und nun schenkte Gott ihnen wieder neu Heimat, Licht und Stärke.

Eines Tages entdeckte ich auf einem Dorf eine ehemalige Mitarbeiterin von Frau Scholz-Klink, der Reichsführerin der NS-Frauenschaft in Berlin, mit zwei ungetauften Kindern. Sie wurde später Katechetin und gab lange Zeit Religionsunterricht in Nürnberg.

Glücklich war ich über die zahlreichen Berufungen für den Dienst am Reiche Gottes. Drei Ordensberufe gingen in dieser Zeit aus Wilsdruff hervor. Sechs Jugendliche opferten ein freiwilliges Jahr für einen Katechetenkurs in Görlitz, um später aktiv in der Gemeinde tätig zu sein; viele wählten einen Beruf im caritativen Dienst der Kirche oder als Seelsorgehelferin; einer wurde sogar Caritasdirektor. Eine große Freude wurde aber auch die Entstehung eines neuen Gotteshauses.

Kirchbau in Wilsdruff

Meine KZ-Vergangenheit verhalf mir schnell zu einer Wohnung in Wilsdruff. Bei der damaligen Wohnungsnot wäre es sonst gewiß schwieriger gewesen. Ich ahnte aber noch nicht, welch ein dramatischer Kampf mit den Behörden der DDR dieser Gemeinde bevorstehen sollte.

Im enteigneten Schloß war eine Spiegelfabrik eingerichtet worden, und im Zuge der fortschreitenden Verstaatlichung sollten betriebsfremde Mieter und auch wir das Schloß räumen. Man verwies uns auf die unbenutzte Jakobikirche. Die aber hätte für rund 40.000 Mark saniert werden müssen. Wir haben diese Summe angeboten unter der Bedingung, einen Mietvertrag auf 99 Jahre abschließen zu können. Die evangelische Kirchenleitung lehnte das Angebot aber ab. Von uns verlangten nun die staatlichen Behörden, als Gäste die evangelische Nikolaikirche zu benutzen. Wir aber bestanden auf einem Raum als Ersatz für die Schloßkapelle, denn die Nikolaikirche hätten wir nur nachmittags benutzen können. Nachmittags aber war ich auf den verschiedenen Dörfern für den jeweiligen Gottesdienst festgelegt. Außerdem hätten wir unter den damaligen Bedingungen der evangelischen Kirchenleitung kein konfessionsverschiedenes Paar trauen können und ebenfalls kein Kind aus solchen Ehen taufen dürfen. Wir wollten jedoch unser kirchliches Leben uneingeschränkt – wie bisher in der Schloßkapelle – weiterführen.

Die staatlichen Stellen, an der Spitze der Bürgermeister, drängten auf die Räumung der Kapelle, obschon sie keinen zumutbaren Ersatzraum anbieten konnten, und schließlich drohten sie mit Zwangsräumung. In unserer Not wandten wir uns damals mit drei Vertretern der Gemeinde an den russischen Kommandanten in Freital.

Auf den machte es großen Eindruck, als ihm die Heimatvertriebenen sagten: „Wir haben unsere schönen Kirchen in Schlesien und Böhmen verloren, und nun will man uns wieder alles rauben." Er fuhr selber nach Wilsdruff, besichtigte mit dem Bürgermeister und mir alle bisherigen Angebote für eine Ersatzkapelle, die aber sämtlich von ihm abgelehnt wurden. In dieser Situation allgemeiner Ratlosigkeit ergab sich kurz darauf die Möglichkeit, in einem ehemaligen Werkstattraum eine kleine Notkapelle für Wochentagsgottesdienste einzurichten, in der wir dann auch die konfessionsverschiedenen Trauungen und Taufen spenden konnten. Die Sonntagsgottesdienste haben wir vormittags in der evangelischen Friedhofskapelle gehalten – in der Hoffnung auf den immer wieder von den Behörden versprochenen späteren Neubau einer Kirche.

Jetzt wurde Wirklichkeit, was nach den Worten des Dichters immer wieder geschieht: „Ob sie auch das Böse wollen, fördern müssen sie das Gute" (Friedrich Wilhelm Weber). Man kann wahrhaftig sagen: Diese unsere Wilsdruffer Kirche haben wir Walter Ulbricht zu verdanken, und zwar 1. seinem *scharfen* Kurs gegen alle sogenannten Kapitalisten *vor* dem Volksaufstand 1953. Dieser Kurs veranlaßte nämlich den Speditionsunternehmer Paul Pietsch, seinen gesamten Grundbesitz zu verkaufen. Um ihn zu ruinieren, hatte man ihn wegen eines harmlosen Reifenkaufes 1945 auf dem Schwarzmarkt zu 30.000 Mark Geldstrafe verurteilt. Er brauchte also Geld, und wir hatten dadurch die Basis für einen Neubau.

Und 2. dem *weichen* Kurs von Ulbricht *nach* dem Aufstand vom 17. Juni 1953. Nach diesem Schock für die ganze Partei wurden nämlich die Behörden angewiesen, den Wünschen der Bevölkerung entgegenzukommen – und wir bekamen tatsächlich die Genehmigung zum Kir-

chenbau, sogar unter Mithilfe einer Baufirma. Kurze Zeit
später schon konnte die Kirche keinen Quadratmeter Land
in der ganzen DDR mehr erwerben noch irgendeine Kirche neu bauen. Erst einige Jahre vor der Wende wurde so
etwas wieder möglich, aber nur mit kostspieligen Spenden der Katholiken im Westen, weil die DDR dringend
Devisen brauchte.

Mit Begeisterung gingen wir nun ans Werk. Die Ab-
brucharbeiten und das Ausschachten des Bodens geschahen in freiwilliger Arbeitsleistung durch die Gemeinde.
Täglich kamen nach Feierabend Jugendliche, Männer und
Frauen, auch von den umliegenden Dörfern, um zu helfen.
Für Frau Scholz, meine Haushälterin, gab es doppelte
Arbeit. Denn es mußten nicht nur die Helfer beköstigt werden, sondern überall, wo Not am Mann war, mußte sie ein-
springen. Als die Fundamente gelegt werden sollten,
waren die Ausschachtungsarbeiten durch die Helfer zwar
tadellos vollendet; aber durch einen Sturzregen in der
Nacht war das Erdreich zum großen Teil wieder eingebro-
chen. Nie vergesse ich, wie damals Frau Scholz um 4 Uhr
früh mit der Schaufel in der Erdgrube stand und zusammen mit mir den Schaden beseitigte, so daß die Maurer
pünktlich um 7 Uhr mit ihrer Arbeit beginnen konnten.
Während der ganzen Bauzeit wurden immer wieder
Einsätze notwendig (wie Baumaterial anfahren und abladen). Ich selbst habe damals auch wunderbare Hilfe
bekommen durch Schwester Agnes aus Gronau, die noch
weit über meine Zeit hinaus der Gemeinde in Seelsorge,
Jugendarbeit und Religionsunterricht diente. Ferner durch
Freunde aus dem Westen, die eigens herüberkamen, um
beim Bau zu helfen. Man kann sagen, daß durch den
Kirchbau die ganze Gemeinde mit den Gläubigen der
umliegenden Dörfer zusammengewachsen ist in der Freude des Herrn und daß diese Schicksalsgemeinschaft sich in

Bischof Dr. Otto Spülbeck kam zur Einweihung der neuen Pfarrkirche nach Wilsdruff.

den folgenden Jahrzehnten weiter ausgewirkt hat durch die Gründung christlicher Familien, deren Kinder und Enkel jetzt das Rückgrat dieser Gemeinde bilden.

Welch ein froher Festtag für alle von nah und fern, als Bischof Spülbeck dann zur Kirchweihe kam. Eine große Überraschung für ihn: Schon an der Pfarrgrenze vor Kesselsdorf erwarteten ihn unsere Jugendlichen und begleiteten das bischöfliche Auto nach alter Tradition mit einem Konvoi von Motorrädern bis nach Wilsdruff. Keine Partei hat sie daran hindern können. Dankbar festliche Freude, als am Nachmittag im Gasthaus „Zur Linde" mit vie-

Schon an der Pfarrgrenze vor Kesselsdorf hatten ihn Jugendliche mit einem Konvoi von Motorrädern empfangen und das bischöfliche Auto nach Wilsdruff begleitet.

len Dias die ganze Baugeschichte wieder präsent wurde. Weil wir damit rechnen mußten, daß die DDR-Behörden den Gemeindenachmittag nicht genehmigen würden, hatten wir den Wirt veranlaßt, einen öffentlichen Tanz-Nachmittag zu veranstalten. Wir haben dann sämtliche Eintrittskarten mit einem Pauschalbetrag aufgekauft. – Eine große Freude für mich war auch die Teilnahme meiner Eltern und meiner Zwillingsschwester an der Kirchweihe.

Nach der Erhebung der Lokalkaplanei Wilsdruff zur Pfarrei wuchs das Selbstbewußtsein der Gläubigen –

Die neu erbaute Pfarrkirche in Wilsdruff

auch unter meinen Nachfolgern, von denen vor allem
Domkapitular Weisbender, der die Kirche durch Orgel
und Farbfenster verschönert hat, durch sein eifriges seel-
sorgliches Wirken bekannt wurde. Daß diese Gemeinde –
trotz aller Schwierigkeiten und Erschütterungen in der
Folgezeit – weiter unbeirrt im Glauben durchgehalten
hat und auch jetzt – ohne Priester am Ort – so stabil geblieben ist, das zeigt, daß sie wirklich begriffen hat: Nicht das
steinerne Gotteshaus ist das Wichtigste, sondern das
Gotteshaus aus lebendigen Steinen, die Gemeinschaft der
Gläubigen, die in Glaubenstreue und Liebe zusammen-
hält.

Meinen alten Opel-Wagen habe ich damals an einen Mitbruder abgegeben. Ich habe nach dem Krieg wenig damit fahren können, weil es an Benzin fehlte. Dafür erhielt ich nun von meinen Verwandten – als Frachtgut abgeschickt – den sparsamsten Pkw, einen Lloyd 300, Höchstgeschwindigkeit 60 km. Als „Lloyd-Priester" bin ich damit sogar öfter nach Berlin gefahren, ließ ihn in Blankenfelde stehen und fuhr mit der S-Bahn weiter nach West-Berlin, das ja vor der Mauer unser „Fenster" zum Westen war. Später gelang mir der Kauf eines alten VW-Busses, den sich ein Kraftfahrzeugschlosser aus einem ehemaligen Wehrmacht-VW-Kübelwagen zusammengebastelt hatte. Dieser hatte einen völlig harmlosen Riß am Fahrgestell. Das aber nahm ich zum Anlaß, zur „Repara-

Kaplan Scheipers inmitten der Jugend von Wilsdruff

tur" die Einfuhr eines neuen Fahrgestells mit „Zubehör"
aus Westdeutschland zu beantragen – nicht ohne hinzu-
zufügen, daß ich Opfer des Faschismus mit viereinhalb
Jahren KZ sei. Daraufhin erhielt ich von Berlin die erbetene Pauschalgenehmigung, und die Miva in Paderborn
konnte mir einen völlig neuen VW-Bus, in dem nur der
Motor fehlte, als Frachtgut zuschicken. Er hat mir noch
bis 1983 vielerlei gute Dienste in der Seelsorge geleistet.

Kontakte mit evangelischen Mitbrüdern

Kontakte mit den Pfarrern der evangelischen Kirche gab es für mich schon vor dem Kriege bei Beerdigungen auf den Dörfern. Nach dem Krieg aber wurden sie intensiver infolge der Gewährung des Gastrechts für katholische Gottesdienste in evangelischen Kirchen.

Nur in wenigen Fällen taten sich manche Pfarrer schwer, zum ersten Mal nach 500 Jahren „papistischen Greuel (d. h. eine Messe) in der Kirche des reinen Evangeliums" (wie wir scherzweise sagten) zuzulassen. Einer verweigerte mir sogar bei einer Beerdigung das Vortrage-Kreuz; ein anderer hatte Angst, daß wir Weihrauch zum Gottesdienst verwenden könnten.

Aber das waren Ausnahmen. Dankbar erinnere ich mich, wie ich bereits vor 1950 – bei ökumenischen Abenden mit Ärzten vom Sanatorium in Gottleuba – vom evangelischen (Herrnhuter) Pfarrer wie ein Freund und Bruder aufgenommen wurde. Zweimal erlebte ich auch die bewußte Übertretung des landeskirchlichen Verbotes einer konfessionsverschiedenen Trauung. Aus Liebe zu den Heimatvertriebenen nahmen die Pfarrer eine Zurechtweisung durch die Kirchenleitung in Kauf.

In Wilsdruff war die Situation schwieriger. Zwar war Paul Richter, der evangelische Pfarrer von Wilsdruff, mit mir auf dem gleichen Block im KZ Dachau gewesen und dort umgekommen, aber ein ehemaliger Superintendent der „Deutschen Christen" (die ja mit den Nazis kollaboriert hatten) war nun zur „Bewährung" nach Wilsdruff „strafversetzt" und hatte kein Interesse, uns entgegenzukommen, als es um die Benutzung bzw. Sanierung der Jakobikirche ging. Nun mußte er erleben, daß neben seinem Pfarrhaus eine neue katholische Kirche gebaut wurde.

Auf den Dörfern aber waren die Bedingungen gut. Oft konnte man allerdings uns gegenüber ein gewisses Neidgefühl verspüren, wenn im Durchschnitt 60 bis 100 katholische Gläubige (die ja eine Minderheit auf den Dörfern waren) ihre Kirche bevölkerten, während sie glücklich waren, wenn sie in ihrem Gottesdienst außer der Pfarrersfamilie noch 10 bis 15 Kirchenbesucher zählen konnten. In Liebenau erlebte ich, daß der Pfarrer an einem Sonntag enttäuscht wieder nach Hause ging, weil niemand zum Gottesdienst gekommen war. Diese geringe Praxis im kirchlichen Leben gab es auf evangelischer Seite weithin schon lange vor dem Kriege, änderte sich auch nicht durch den Schock des Zusammenbruches 1945 und wirkte sich dann in den 40 Jahren des DDR-Regimes katastrophal aus. Sie führte zum Verlust von rund 60 % der Kirchenmitglieder.

In Schirgiswalde hatte ich – offenbar auch infolge des steigenden antichristlichen Druckes durch den DDR-Staat – zumeist aufgeschlossene und ökumenisch interessierte evangelische Mitbürger. Wir pflegten gemeinsame Abende mit bestimmten Themen, veranstalteten einmal jährlich einen ökumenischen Gottesdienst, wobei abwechselnd der evangelische Pfarrer in der katholischen Kirche und der katholische Pfarrer in der evangelischen Kirche predigte.

Auch ein gemeinsamer Ausflug (meist ins „Böhmische") gehörte zum jährlichen Programm.

Pfarrer in Schirgiswalde

1960 war Pfarrer Anton Mott aus Kevelaer, der 35 Jahre Seelsorger in Schirgiswalde war, gestorben. Ich wurde ermuntert, mich um diese Pfarrei zu bewerben, und wurde sein Nachfolger. Man nannte Schirgiswalde das „Sächsische Rom", weil es außer den wenigen sorbischen* Gemeinden zwischen Bautzen und Kamenz die einzige geschlossen katholische Pfarrei im Bistum war.

Schirgiswalde war eine Enklave an der Grenze zu Böhmen (südlich von Bautzen) gewesen, gehörte also zum Habsburger Imperium und blieb infolge der Gegenreformation katholisch, während das Land im Umkreis evangelisch wurde. Die Gemeinde hat ihren katholischen Glauben bis heute durchweg treu durchgehalten und war ein Stein des Anstoßes für Nazis und Kommunisten. Bei meiner Einführung war ich tief beeindruckt von den Darbietungen der überaus zahlreichen Jugendlichen und sonstigen Gemeindegruppen und den üblichen Begrüßungsreden. Ich ahnte nicht, was in den nächsten 23 Jahren meiner dortigen Tätigkeit an äußeren und inneren Schwierigkeiten auf mich zukommen würde.

Kampf gegen staatliche Indoktrination

Mehr als auf früheren Stellen habe ich in Schirgiswalde den scharfen Gegenwind des DDR-Staates verspürt. Das hängt auch damit zusammen, daß ich auf den Diaspora-Stellen den Machthabern wie der Vertreter einer kleinen Sekte vorkommen mußte. In der geschlossen katholischen Gemeinde von Schirgiswalde aber hatte der Pfarrer großen Einfluß in der Bevölkerung. Ähnlich wie die Nazis ver-

---

* Die Sorben, auch Wenden genannt, bilden den Rest der slawischen Bevölkerung, die einst etwa den Raum zwischen Elbe und Oder bewohnten. Sie pflegen bis heute ihre Kultur und Sprache.

spürten hier auch die Kommunisten bei der katholischen Kirche deutlich die Unvereinbarkeit des christlichen Glaubens mit der marxistischen Ideologie. Die Taktik der Kommunisten gegenüber meiner Gemeinde bestand darin, den Leuten Sand in die Augen zu streuen, als ob zwischen Kirche und Staat bestes Einvernehmen bestünde. Daher wurden die bisher üblichen öffentlichen kirchlichen Veranstaltungen, wie Prozessionen und Wallfahrten, nicht angetastet. Aber gleichzeitig gab es dort große Anstrengungen der Partei, die religiöse Beheimatung der Gläubigen in der Kirche, die in Schirgiswalde besonders ausgeprägt war, zu zerstören, indem man Kindern und Jugendlichen ihren Glauben als Aberglauben, den Marxismus-Leninismus aber als das Ergebnis moderner Wissenschaft darstellte. Vor allem sorgten kommunistische Lehrer, die die früheren Lehrer längst verdrängt hatten, wie in der NS-Zeit für Verächtlichmachung alles Religiösen in der Schule. Außerdem gab es öfter mal Behinderungen des Religionsunterrichtes, für den aber schon mein Vorgänger in der NS-Zeit pfarreigene Räume geschaffen hatte.

In diesem Kampf zwischen Glauben und Unglauben habe ich zusammen mit meinen Kaplänen, mit dem Katecheten und vielen anderen Helfern und Helferinnen die Gläubigen immer wieder über die wahren Absichten des DDR-Staates aufgeklärt und sie zum Widerstand ermuntert durch treues Leben aus dem Glauben. Das war auch meine Linie in der NS-Zeit gewesen. Dieser Widerstand (bzw. dieses Widerstehen) des gläubigen Volkes gegenüber ideologischen Diktaturen wird heute in der Öffentlichkeit durchweg nicht ernstgenommen oder bagatellisiert, obwohl besonders für junge Menschen doch meist der Verzicht auf jegliche berufliche Zukunft damit verbunden war (z. B. kein Zugang zum Abitur oder zu einem Studienplatz). Der Einwand, er sei wirkungslos geblieben, weil er nicht politisch motiviert bzw. aktiv gewesen sei, wird durch mein Lebensschicksal widerlegt. Mein wirklich unpolitisches Verhalten – sowohl bei den Nazis als auch in der DDR-Zeit – hat dennoch zu meiner Verfolgung in beiden Systemen geführt, weil die Machthaber die Gefährlichkeit dieses Widerstehens gespürt und gefürchtet haben. Ich war nur Seelsorger; aber das genügte, um „Staatsfeind" zu sein. Auch viele Eltern und Kinder wurden wegen ihrer Treue zur Kirche diskriminiert und haben oft schwere Nachteile für ihr berufliches Fortkommen hinnehmen müssen.

Nur ein einziges Mal habe ich mich in einem Gespräch auf politisches Glatteis begeben: Ein junger Mann hatte sich für eine dreijährige Dienstzeit bei der NVA verpflichtet und wollte diesen Schritt vor mir rechtfertigen. Ich fragte: „Gegen wen willst du denn kämpfen, gegen die Chinesen (sie standen damals am Rande eines Krieges mit der SU) oder gegen deine westdeutschen Brüder?" Er verstummte, hat aber meine Äußerung nicht zur Anzeige gebracht.

Ich habe oft in Gesprächen und auf der Kanzel auf die „faschistischen Züge" dieses angeblich so antifaschistischen Staates hingewiesen. Gegenüber solchen Andeutungen und Hinweisen auf die Parallelen zwischen NS-Diktatur und DDR-Diktatur waren die Vertreter des DDR-Staates äußerst allergisch. Als einmal auswärtige Jugendliche der Eisenbahner-Schule unseren Friedhof durch Zerstörung von Gräbern geschändet hatten, meldete ich das bei der Kreispolizei in Bautzen. Ich fügte hinzu, unsere Gläubigen bekämen den Eindruck, es gehe bei uns wieder zu wie in der Hitler-Zeit. Die Reaktion: „Wir verbitten uns solche Vergleiche aufs Allerschärfste!" Meine Antwort: „Ich habe nicht gesagt, daß es so ist, sondern nur, daß die Leute dadurch einen solchen Eindruck bekämen."

Vor allem bei der Beurteilung der Jugendweihe habe ich den DDR-Behörden die heuchlerische Maske vom Gesicht gezogen und in aller Deutlichkeit gesagt, daß der Staat hier nicht ehrlich sei. Die Gläubigen erlebten es ja am eigenen Leibe. Durch diese seelsorgliche Tätigkeit in der mir anvertrauten Gemeinde mußte ich, wie schon in der NS-Zeit, zum Staatsfeind werden. Daß man aber 1970 beschloß, mir einen Prozeß wegen staatsfeindlicher Hetze (§ 106 StGB) zu machen, und bis 1974 15 Spitzel beauftragte, Anklagematerial gegen mich zu sammeln, hängt wohl damit zusammen, daß ich als „unverbesserlich" galt. (Die Stasi: „Eine generelle Änderung der persönlichen Position von Sch. hinsichtlich unserer gesellschaftlichen Entwicklung ist nicht zu erwarten.")

Der Hauptgrund, mir den Prozeß zu machen, ist wohl die Verärgerung darüber gewesen, daß die Partei in ihrem Kampf gegen den Einfluß der Kirche in Schirgiswalde, besonders bei der Jugend, total unterlegen war. Im Abschlußbericht der Stasi über meine Person vom April 1974 beklagt der Oberfeldwebel Thräne vor allem die ablehnende Haltung der Jugend gegenüber dem DDR-Staat und belegt dies durch viele Beispiele: „Bis 1974 war ein ständiger Rückgang an der Teilnahme zur sozialistischen Jugendweihe zu verzeichnen." „Die Jugend verfaßte Hetzschriften gegen die Staatsführung und brachte sie in den kirchlichen Schaukästen an." „25 % der Einwohner stimmten gegen die neue Verfassung bzw. blieben der Wahl fern."

Die FDJ in Schirgiswalde war eine völlig bedeutungslose kleine Gruppe, während im Pfarrheim lebendiges Jugendleben herrschte. Die Pfarrjugend war auch erfinderisch, wenn es darum ging, die staatlichen Verbote und Einschränkungen zu umgehen. Jugendtanzveranstaltungen waren z. B. für die kirchliche Jugend verboten. Daraufhin beteiligte sie sich zahlreich an der jährlichen Pestprozession, die ja wegen der Tradition geschützt war und deswegen auch von der Stasi nicht observiert wurde, und veranstaltete nachher in der nächstgelegenen Gaststätte einen illegalen Tanznachmittag.

Auch gelegentliche Kraftproben mit mir verliefen zu Ungunsten der Partei. Die Festmesse vor der jahrhundertealten Fronleichnamsprozession verlegte ich in den Park des St.-Pius-Hauses; die Teilnehmerzahl stieg dadurch aufs Dreifache. Im Jahr darauf ließ ich die Prozession in umgekehrter Richtung, aber auf dem gleichen Weg ziehen, um die vierte Segensstation auf dem Markt als religiöse „Schlußkundgebung" hervorzuheben. Darauf kam ein scharfer Protest von der Kreisverwaltung (Stasi) in Bautzen: Ich dürfte die Tradition nicht ändern. Meine Antwort: Ich ändere nichts, die Prozession zieht, wie immer, den gleichen Weg, nur umgekehrt. Da drohten sie mit dem Verbot der Prozession. Ich bot ihnen die Stirn und habe mich nicht darum gekümmert.

Bau der Fuchsbergkapelle

Am meisten muß die Behörden wohl der Bau der Fuchsbergkapelle geärgert haben. Die barocke Pfarrkirche mit später angebauten klassizistischen Türmen war 1735 für 600 Seelen gebaut worden. 1960 zählte die Gemeinde aber 4000 Gläubige. Ich hatte in den 23 Jahren fast immer zwei Kapläne und einen Katecheten. Die unter Denkmalschutz stehende Kirche konnte man nicht vergrößern; unter meinen Vorgängern waren Emporen eingebaut und die Bänke eng zusammengerückt worden. Da über 50 % der Gemeinde sonntags zur Kirche kam, waren fünf heilige Messen notwendig. Schon nach dem 1. Weltkrieg gab es einen Fonds zum Bau einer Filialkapelle, der aber durch die Inflation verlorenging. Gern hätte mein Vorgänger diese Kapelle gebaut; doch während der NS-Diktatur und des Krieges und ebenfalls in der roten Diktatur war das aussichtslos. Mir aber bot sich bald eine Gelegenheit, zu diesem Ziel zu kommen, als ein volkseigener Textilbetrieb ein Stück Land zur Erweiterung der Fabrik von uns kaufen wollte. Wir verweigerten das mit dem Hinweis, daß die Kirche auch keinen Quadratmeter Land erwerben dürfe. Gleichzeitig aber bot ich einen Grundstückstausch an unter der Bedingung, daß wir dabei ein geeignetes Stück Land für einen Filialfriedhof erhalten würden, den wir wegen der stark gewachsenen Gemeinde dringend brauchten. Der Textilbetrieb ging freudig auf mein Angebot ein, brauchte aber etwa zwei Jahre, um durch „Ringtausch" ein geeignetes Stück Land für den Friedhof zu finden. Es war das am besten gelegene Grundstück für den Bau der Kapelle.

Nachdem unter großer Beteiligung der Behörden der Grundstückstausch als Beweis für das gute Verhältnis zwischen Staat und Kirche gefeiert worden war, tat ich den nächsten Schritt: Zu einem Friedhof gehört doch eine Totenhalle. Dagegen konnte niemand etwas einwenden. Ich gab einem Architekten den Auftrag, die Totenhalle als größere Kapelle zu planen. Aus der Totenhalle wurde dann fast eine kleine Kirche mit 200 Sitzplätzen. Daß dies gelungen ist, verdanke ich der Unaufmerksamkeit der Kreisbaubehörde, die das Vorhaben bei der Abteilung „Kirchenfragen" hätte melden müssen. Weil die staatlichen Behörden den Grundstückstausch so gefördert hatten, glaubten sie wohl, daß damit alles genehmigt sei. Trotzdem wollten die Behörden den Bau stillegen, nachdem die Stasispitzel gemerkt hatten, daß die

Zahlreiche Helfer aus der Gemeinde beteiligten sich am Bau der Fuchsbergkapelle.

Die wohlverdiente Frühstückspause

145

Mühsam muß Abschnitt für Abschnitt die Schalung für den Campanile mit Beton-Mörtel und Steinen gefüllt werden.

„Totenhalle" doch wohl etwas zu groß geraten würde. Da aber die Gemeindemitglieder in großer Anzahl und Begeisterung sich an Wochenenden an dem Bau beteiligten, haben sie es doch nicht gewagt.

Ein weiterer Stein des Anstoßes war der Bau des Turmes (Campanile), der in einem zweiten Bauabschnitt erst errichtet werden sollte. Da ich damit rechnete, daß der zweite Bauabschnitt nie genehmigt werden würde, habe ich den Turm einfach ohne Genehmigung gebaut.

Der schwerste Angriff kam dann nach der Einweihung der Kapelle: Man bestellte mich auf die Kreisbehörde (Stasi) und erklärte mir: Die Kapelle ist als Totenhalle genehmigt worden, Sie dürfen dort nur Beerdigungsgottesdienste halten. Ich protestierte mit dem Hinweis darauf, daß durch die Verfassung in der DDR die Trennung von Kirche und Staat festgelegt sei. Das bedeute, daß die Kirche über ihre eigenen Räume frei verfügen könne. Das wollten sie nicht anerkennen und entließen mich mit der Ankündigung, daß darüber eine Konferenz entscheiden solle. Zu dieser Konferenz wurde ich schriftlich eingeladen; eine Stunde zuvor aber erreichte mich ein Anruf aus Bautzen, daß die Konferenz wegen Terminschwierigkeiten verlegt werden müsse. Ich bekäme deswegen rechtzeitig Nachricht. Auf diese Nachricht warte ich bis heute.

Konfrontation mit staatlichen Behörden

All diese Konfrontationen hatten natürlich Folgen für meine Beziehungen zu den Behörden. Man warf mir laufend Knüppel zwischen die Beine. Während ich in Wilsdruff noch eine Besuchsreise nach Italien machen konnte, um den Dachauer KZ-Freund Bischof Carlo Manziana zu besuchen, wurde mir jetzt sogar die Einreise in das „befreundete sozialistische Bruderland" Polen ohne Angabe von Gründen verweigert, obschon ich dort nur „antifaschistische KZ-Genossen" besuchen wollte. Ebenso wurde mir 1960 die Teilnahme am Eucharistischen Kongreß in München, auf dem die Dachauer „Todesangst-Christi-Kapelle" eingeweiht wurde, nicht genehmigt sowie die Reise zu einem KZ-Priestertreffen in Trier.

Auch die Einreise meines KZ-Freundes B. Rodach, der mich im Frühjahr 1961 besuchen wollte, wurde abgelehnt. Ich beantragte daraufhin eine Besuchsreise zu meinen Eltern, die mir – noch vor der Mauer – aufgrund der Verwandtschaft 1. Grades nicht verweigert werden konnte, fuhr aber nach Dachau, wo sich gerade alle ehemaligen österreichischen Dachauer KZ-Häftlinge (darunter Präsident Dr. Leopold Figl und andere Regierungsmitglieder) zur Weihe einer Gedächtnisglocke eingefunden hatten. Diese schickten dann ein von mir entworfenes Schreiben an die Regierung der DDR mit folgendem Inhalt: „Wir sind befremdet darüber, daß die DDR-Regierung Besuche zwischen ehemaligen Antifaschisten behindert. Unserem Kameraden H. Scheipers wurde sein Antrag auf Einreisegenehmigung für seinen KZ-Freund mit der Begründung abgelehnt, dieser sei kein Verwandter 1. Grades. Wir sind der Meinung, daß der gemeinsame Kampf gegen den Faschismus eine tiefere Verwandtschaft begründet, als es die Blutsverwandtschaft sein kann. Wir bitten die Regierung der DDR, solche Reisen in Zukunft nicht zu unterbinden." – Bald darauf konnte mein Freund mich besuchen.

Nach dem Bau der Mauer wollten meine Geschwister mich besuchen. Die Einreise wurde abgelehnt. Nach einer Beschwerde beim Bezirk Dresden bekomme ich von der

Kreispolizei die Nachricht: Die Geschwister können kommen. Die Einreisedokumente liegen an der Grenzstelle Gerstungen bereit. Als meine Angehörigen in Gerstungen ankamen, waren die Papiere nicht dort. Sie mußten unverrichteter Dinge umkehren.

Viele meiner KZ-Genossen haben unter dem sogenannten KZ-Syndrom gelitten. Bei mir stellte es sich ein, wenn ich nach solchen Konfrontationen mit der Volkspolizei, die da in Stiefeln und grün-grauen Uniformen, ähnlich wie die der Waffen-SS, vor mir saß, bedrückt nach Hause kam. In der nächsten Nacht kam dann der Alptraum: Ich stehe mit einem Würgen im Halse auf dem Appellplatz in Dachau, weil ich immer noch nicht entlassen bin.

Durch meine KZ-Vergangenheit konnte ich aber auch in verschiedenen Situationen noch so manches zugunsten des Reiches Gottes erreichen.

Einen großen Wirbel gab es um den bekannten „Lumpensammler von Tokio", P. Gereon Goldmann OFM. Mein Katechet, der mit ihm befreundet ist, kommt zu mir mit der Bitte, als Opfer des Faschismus eine Besuchserlaubnis für ihn zu beantragen. Ich erhalte sie; aber er kann erst vier Wochen später von Tokio abkommen. Ich muß von neuem beantragen und bekomme jetzt die Ablehnung. Ich beschwere mich in Dresden und erhalte nach vielem Hin und Her dann doch die Genehmigung zu seiner Einreise. Er kommt, hält sich aber nicht lange in Schirgiswalde auf, sondern reist auf zahlreiche Einladungen hin in der ganzen DDR umher, um in katholischen und evangelischen Kirchen Vorträge über seine Tätigkeit in Japan zu halten. Die Kirchen sind überfüllt, denn das Interesse der Menschen für die „unerreichbar große weite Welt" ist verständlich.

Die Stasi hatte aber gut observiert: Nach seiner Abreise bekommt plötzlich der bischöfliche Beauftragte für die kirchlichen Verhandlungen beim Bezirk Dresden eine schwere Rüge, weil er zugelassen habe, daß P. Goldmann ohne staatliche Genehmigung in der DDR gepredigt habe. Er beteuert seine Unschuld, und schließlich werde ich als schuldiger Urheber – das einzige Mal in meiner ganzen DDR-Zeit – zum Bezirk Dresden zitiert: „Wir haben Ihnen bei der Kreispolizei in Bautzen die Einreisegenehmigung für den Herrn Goldmann erwirkt, und nun hat er diese mißbraucht. Er ist in der ganzen DDR herumgereist, um in den Kirchen zu predigen." Meine Antwort: „Ich war doch sehr glücklich, ihm mitteilen zu können, daß er sich in der ganzen DDR frei bewegen darf." – „Ja, aber doch nicht predigen!" – „Wie soll ich denn das wissen, daß dies nicht erlaubt ist?" – „Ach ja, ich habe mir das schon gedacht, daß Sie das nicht gewußt haben." Damit war die Sache beigelegt.

Der Mauerbau in Berlin 1961 mit dem Minengürtel an der Zonengrenze hat mich damals schwer getroffen: Zum zweiten Mal hinter Stacheldraht! – wenn auch das DDR-KZ mit dem von Dachau nicht zu vergleichen war. In den ersten Monaten danach trug ich mich lange Zeit mit dem Plan, meinen Personalausweis mit dem eines Rentners, der ja reisen konnte und mir ähnlich sah, zu tauschen und meine Eltern illegal zu besuchen. Als später meine Eltern todkrank wurden und starben, konnte ich weder ans Krankenlager noch zur Beerdigung fahren. Damals bin ich überall bis an der höchsten Stelle der Volkspolizei in Berlin vorstellig geworden – vergeblich! Ebenso erhielt ich beim „Komitee der antifaschistischen Widerstandskämpfer" Unter den Linden die Auskunft: „Dafür sind wir nicht zuständig. Unsere Aufgabe ist die Propaganda im Ausland."

Danach bin ich in kein Wahllokal mehr gegangen. Die Parteiorganisation mußte nun offenbar herausbekommen, warum ich nicht zur Wahl gegangen bin. Meine Antwort: Ich habe von meinem demokratischen Recht Gebrauch gemacht, zur Wahl zu gehen oder nicht zu gehen. Über meine Gründe bin ich Ihnen keine Rechenschaft schuldig. Am nächsten Tag kommt ein Vertreter der CDU, Ortsgruppe Schirgiswalde. Sie bekommen zur Antwort: „Sagen Sie Ihren Auftraggebern, solange es die DDR nicht übers Herz bringt, einen alten Antifaschisten ans Grab seiner Eltern reisen zu lassen, gehe ich nicht mehr zur Wahl."

Zur Beerdigung von Kardinal Trochta / Leitmeritz

Das nächstliegende „Ventil" aber war in der ganzen DDR-Zeit die damalige ČSSR, in die wir visafrei einreisen konnten. Das konnten wir zunächst auch nach Polen, diese Erlaubnis wurde aber bald aufgehoben, als Lech Wałęsa mit seinen für die DDR gefährlich freiheitlichen Ideen auftrat. – In der ČSSR konnte ich westdeutsche Freunde treffen und gewann dort auch schnell zuverlässige Freunde, sowohl in Böhmen als auch in der schönen Slowakei, wo ich mehrfach meinen Urlaub verbrachte. Vor allem aber lebte in Leitmeritz Kardinal Trochta, mit dem ich durch die gemeinsame Haft in Dachau befreundet war. Genauso wie ich, nur ungleich schlimmer, hat er unter der braunen und roten Diktatur leiden müssen, unter Hitler dreieinhalb Jahre KZ in Theresienstadt, Mauthausen/Öst. und Dachau. Nach der Machtergreifung der Kommunisten in der Tschechoslowakei wurde er als Bischof von Leitmeritz sieben Jahre in Haft genommen, z. T. im Zuchthaus. Die Rehabilitierung beim „Prager Frühling" nutzte Papst Paul VI.,

*Stephan Kardinal
Trochta,
Bischof von Litoměřice/
ČSSR (1948-1975)*

um ihm die Kardinalswürde zu verleihen. Nach dem Prager Frühling erneute Drangsalierung durch Schikanen,
Verbote und Verhöre. Zusammen mit Bischof Schaffran
habe ich ihn einmal heimlich in einem Dorf besucht. Ein
anderes Mal begegnete ich ihm durch Zufall auf der
Bischofskonferenz der tschechischen Oberhirten in Prag.
Sein Sekretär hatte die Anmeldung meines Besuches in
Leitmeritz vergessen. Als ich ihn dort nicht antraf, fuhr ich
weiter nach Prag zum erzbischöflichen Palais. Er lud mich
gleich zum Mittagessen ein. Dort saß ich Erzbischof Tomášek gegenüber, rechts von mir Kardinal Trochta und links
der Bischof Hlouch von Česke Bujedovice. Alle drei waren
zuverlässige katholische Bischöfe, den übrigen aber konnte man nicht trauen, denn sie waren vom Staat eingesetzte
regimetreue Kapitelsvikare (Verwalter eines verwaisten
Bistums). Am nächsten Tag wurde Trochta vom staatli-

chen Kirchensekretär der Vorwurf gemacht, er habe einen ausländischen Priester als Spion (!) in die Bischofskonferenz eingeschleust. Er konnte sich aber wehren: Das war ein Leidensgenosse vom KZ Dachau.

Zahlreich waren die staatlichen Maßnahmen, durch die man seine seelsorgliche Tätigkeit einzuengen suchte: willkürliche Versetzung seiner Priester, Numerus clausus für die Theologiestudenten, Verbot von Wallfahrten und Reisen, vor allem durch ständige Überwachung und zermürbende Vernehmungen durch das staatliche Kirchensekretariat, die schließlich seinen Tod im Frühjahr 1974 verursacht haben.

Dramatisch aber wurde mein letzter Abschied vom toten Kardinal bei seiner Beerdigung. Aus privater Hand erhalte ich das Telegramm mit der Nachricht von seinem Tod. Mir ist klar, daß Partei und Behörden alles daran setzen werden, das Begräbnis des Kardinals herunterzuspielen. Die Ereignisse bestätigen diese Vermutung: Am Samstag vor Palmsonntag 1974 starb Stephan Trochta. Erst am Gründonnerstag wird der Beerdigungstermin, nämlich Osterdienstag-Vormittag, bekanntgegeben – eine raffinierte Kalkulation der tschechischen Staatssicherheit, denn kein Mensch aus der Bundesrepublik Deutschland oder dem westlichen Ausland kann nun am Begräbnis teilnehmen, weil die Konsulate zur Erlangung des notwendigen Visums ja am Karfreitag und an den Osterfeiertagen geschlossen sind. Deshalb ist Kardinal Franz König, Wien, als einziger aus dem westlichen Ausland zugegen – er hatte sich wohl vorsorglich schon ein Visum beschafft –, aus Polen kommen vier Bischöfe, unter ihnen Kardinal Wojtyła, der jetzige Papst – Kardinal Wyszyński wird die Einreise verboten –, und aus der DDR Kardinal Alfred Bengsch, Bischof Gerhard Schaffran, Bischof Aufderbeck und zwei Weihbischöfe.

Um das Begräbnis unseres KZ-Leidensgenossen „heraufzuspielen", fasse ich den Plan, mit einer Delegation ehemaliger Dachauer KZ-Priester einen Kranz mit einem Wort des Gedenkens an seinem Grab niederzulegen. Der Plan scheitert, denn der einzige damals noch lebende Dachauer Priester in der DDR außer mir ist schwer krank, und den Mitbrüdern in Westdeutschland, die zur Anreise bereit sind, konnte ich das Beerdigungsdatum nicht nennen.

Deshalb entschließe ich mich, allein zu handeln, besorge einen Kranz und beauftrage einen Schriftmaler mit der Anfertigung der Kranzschleife: Auf der einen Schleife, verziert mit einer goldenen Krone, steht „Unser Herr Jesus Christus schenke dir die Siegeskrone – Die deutschen Priester, die mit dir im Konzentrationslager Dachau gelitten haben", auf der anderen Schleife das Gleiche in tschechischer Sprache.

Der Kranz der deutschen Dachau-Priester

154

Mit diesem Kranz, die Schleifen versteckt in meiner Kleidung, fahre ich zusammen mit Bischof Schaffran am Osterdienstag über die Grenze nach Leitmeritz. Normalerweise wäre ich überhaupt nicht in den von der Polizei bewachten Dom hineingekommen – mein Kaplan muß mit vielen tschechischen Priestern und Gläubigen draußen stehen. Doch ich war kurz zuvor als Ehrendomkapitular in das Bautzner Domkapitel aufgenommen worden und kann nun, bekleidet mit einem roten Mäntelchen, ungehindert den Dom betreten. Ich begebe mich sofort in eine Seitenkapelle, befestige die Schleifen mit Blumendraht an meinem Kranz und gehe zur Totenbahre, vor der ein großer Kranz von der tschechischen Regierung mit roten Bändern und Schleifen aufgestellt ist. Die übrigen Kränze liegen zumeist rechts und links an der Kommunionbank. Was tun? Vielleicht, denke ich, werden die Kränze an der Kommunionbank erst nach der Beerdigung auf den Friedhof gebracht, und ich stünde dann ohne Kranz am Grab. Deshalb lege ich kurz entschlossen meinen Kranz auf den großen Kranz von der tschechischen Regierung, begebe mich ins Chorgestühl und kann beobachten, wie Staatssicherheitsbeamte mißtrauisch an der Bahre meinen Text auf den Schleifen lesen. Aber niemand wagt es, den Kranz zu entfernen, und genauso, wie ich es voraussah, geschieht es wirklich: Nur der Kranz von der tschechischen Regierung und mein Kranz werden auf dem Leichenwagen zum Friedhof transportiert, die übrigen Kränze erst später nachgeliefert.

Das Pontifikalamt hält Erzbischof Tomášek, Prag, ebenso die Liturgie am Grabe. Der Generalvikar Holoubek verliest eine zensierte Biographie des verstorbenen Oberhirten, in der zwar die drei Jahre KZ-Haft unter der Hitler-Diktatur hervorgehoben, die sieben Jahre Gefängnishaft unter der kommunistischen Diktatur aber verschwiegen werden. Das staatliche Kirchensekretariat hatte schon vorher das entworfene Trauerprogramm dreimal geändert. Eine bereits gedruckte Auflage mußte eingestampft werden, weil die Erwähnung des Heiligen Jahres und die Schilderung der Tätigkeit des Kardinals als Jugendseelsorger nicht den ideologischen Richtlinien der Partei entsprachen.

Auf dem Weg zum Friedhof befinden sich unter den zahlreichen Priestern aus ganz Böhmen und Mähren – gleich ihnen in Talar und Rochet – zwei Stasi-Beamte, offenbar mit dem Auftrag, die Gespräche der Priester abzuhorchen.

Etwa 3.000 Menschen sind auf den Friedhof gekommen. Ich dränge mich durch die Menge bis ans Grab vor und sehe zu meiner Freude meinen Kranz dort liegen. Nach den liturgischen Gebeten ruft ein Tscheche von der Friedhofsmauer in die Menge hinein: „Ich hab mit dir im Steinbruch von Mauthausen geschuftet." Dann kommen die Bischöfe, an ihrer Spitze Kardinal König, Wien, und werfen nacheinander, ohne ein Wort zu sagen, Erde auf den Sarg und besprengen ihn mit Weihwasser. Anschließend trete ich mit meinem Kranz an das Grab und spreche: „Lieber Mitbruder und Leidensgenosse im KZ-Dachau! Von Jugend an hast du deinem Herrn Jesus Christus gedient und bist ihm mutig und treu auf seinem Kreuzesweg gefolgt. Unermüdlich hast du gekämpft für die Freiheit des Glaubens und der Kirche, ohne die Drohungen der Feinde zu fürchten, und hast dafür Gefängnishaft und schwere Drangsale ertragen. Der Herr schenke dir nun seinen Frieden und die Krone des ewigen Lebens." – Ob ich mit den Feinden die Nazis oder die Kommunisten meinte, blieb offen. Nachdem ich den Kranz niedergelegt habe, kommt Erzbischof Tomášek spontan auf mich zu und gibt mir die Hand mit den Worten: „Wir danken

Begräbnis unter Aufsicht der Staatssicherheit – Stumme Predigt der Bischöfe – Das Grab des Kardinals Trochta ist umgeben von einer 3000-köpfigen Volksmenge. Kardinäle, Bischöfe und Priester können nur in stillem Gebet Abschied nehmen. Sie dürfen weder beim Requiem noch am Grabe sprechen.

Ihnen sehr, Sie haben uns einen großen Dienst erwiesen." Am nächsten Tag waren die Kranzschleifen abgeschnitten.

Zwölf Jahre später begegne ich in der BRD der Leiterin eines Bildungshauses, die langjährige Kontakte zur verfolgten Kirche in der ČSSR hatte und vielerlei Hilfen leistete. Bald stellen wir gemeinsame Bekannte fest. Eines Tages erhält sie Besuch von zwei tschechischen Priestern, und auf ihre Einladung hin kommt es auch zu einer Begegnung mit mir. Auf meine Frage nach Kardinal Trochta

157

*Karol Kardinal Woj-
tyła, Erzbischof von
Krakau (der heutige
Papst), besprengt den
Sarg mit Weihwasser.*

antwortet der eine: „Das war mein Lehrer." „Dann waren Sie gewiß auch bei seinem Begräbnis." – „Ja, wir beide waren dabei, und dort war auch ein deutscher Priester, der am Grab gesprochen und einen Kranz niedergelegt hat."

Als sie hörten, daß ich dieser Priester bin, holt der eine aus seinem Gepäck eine in Italien gedruckte Biographie Kardinal Trochtas in tschechischer Sprache hervor, die sie in die Tschechoslowakei einschmuggeln wollten. Als ich darin blätterte, sehe ich plötzlich meinen Kranz wieder, auf dessen Schleifen mein Text deutlich zu lesen ist.

Großzügig übersandten mir die Priester später ihre historisch wertvollen Originalfotos, die diesem Bericht beigefügt sind.

Kontakte und Beziehungen zur ČSSR

Kontakte mit Priestern in der ČSSR waren immer dann problematisch, wenn man darüber im Unklaren war, ob sie vielleicht mit dem kommunistischen Staat kollaborierten. Ich hätte manche früheren KZ-Priester besuchen können; aber es gab unter ihnen auch einzelne Verräter, wie den bekannten Priester Josef Plojhar, Gesundheitsminister in der Prager Regierung.

Doch nicht jeder in der staatlichen Priestervereinigung „Pacem in terris" war gefährlich. So manche wurden unter schwerem Druck Mitglied. Sonst wäre ihnen nämlich die staatliche Lizenz zur Ausübung der Seelsorge entzogen, und ihre Gläubigen wären eine Herde ohne Hirten geworden.

Bei meinen zahlreichen Fahrten in die ČSSR mußte ich damit rechnen, daß auch die dortige Stasi mich ins Visier nehmen würde. Bei scharfen Kontrollen an der Grenze wurde zweimal meine gesamte mitgenommene Korrespondenz fotokopiert. Durch meine Verbindungen mit guten Freunden konnte ich Kontakte mit unzuverlässigen Priestern vermeiden. Jeder Priester war verpflichtet, Besuche von Ausländern beim staatlichen Kirchensekretär zu melden. Viele – z. B. auch der im Untergrund geweihte Bischof Otcenášek, der nach seiner Haft in Trmice bei Usti n. L. als Pfarrer wirken durfte und „Wanzen" in seiner Wohnung vermutete – empfingen mich meist im Hausflur und führten dann die Gespräche mit mir im Garten, damit diese nicht abgehört werden konnten und sie keinen Besuch zu melden hatten.

Übernachtet habe ich möglichst immer auf legalen oder „wilden" Campingplätzen. Einmal – es war der 30. Jahrestag meiner Priesterweihe – habe ich es riskiert, einen mir unbekannten Pfarrer in Mähren um die Erlaubnis zur Feier der hl. Messe an diesem Tag zu bitten. Das hätte nur mit Genehmigung des staatlichen Kirchensekretärs geschehen dürfen. Der Pfarrer aber begriff, worum es mir ging, führte mich unauffällig mit meinen Begleitern in die Kirche und schloß uns für eine Stunde dort ein.

In diesen Jahren lernte ich den größten Teil der Tschechoslowakei kennen. Einmal packte mich Wehmut, als ich in Südmähren das Straßenschild sah: Wien 70 km. Vielen Priestern konnte ich auch materiell helfen. Besonders in der Slowakei hatten sie großes Interesse an Predigt-Literatur, die ich übersetzen ließ, weil sie von ausländischer Literatur und überhaupt vom geistigen Leben im Ausland abgeschnitten waren.

Jahrhunderte war Schirgiswalde „böhmisch" gewesen. Nach der Eingliederung in das sächsische Land blieben wegen der Grenznähe trotzdem viele gutnachbarliche Beziehungen, zumal die Bewohner Nordböhmens Deutsche waren. Durch diese Verbindungen mit Nordböhmen – ebenso mit dem katholischen Sorbenland – ist gewiß auch die Gefahr der Inzucht für die Enklave Schirgiswalde vermieden worden. Schwierig wurden die Kontakte mit dem Nachbarland nach der Vertreibung der deutschen Bevölkerung 1945. 1961/62 kam dann aber der visa-freie Grenzverkehr zwischen der DDR und dem „sozialistischen Bruderland" ČSSR. Nun konnten wir Ausflüge und Besuchsfahrten ins „Böhmische" unternehmen, was als „Ventil" für unsere Gefängnissituation seit dem Mauerbau eifrig wahrgenommen wurde. Auch manche notwendigen Dinge, die in der DDR nicht zu bekommen waren, konnten wir aus der ČSSR herüberschmuggeln.

Der schwierigste Transfer gelang mir bei meinem letzten Bauvorhaben „Alterspflegeheim". Die notwendigen Armaturen für Bad- und Waschräume sollten in der DDR gekauft werden. Plötzlich aber waren sie nicht mehr lieferbar, weil die SED-Regierung alle wertvollen, in der DDR hergestellten Produkte der Bevölkerung entzog, um sie im Westen zu verkaufen und mit den Devisen vor allem die enorme Aufrüstung und den Spitzelapparat der Stasi finanzieren zu können.

Da auch der Caritas-Direktor Hellmut Puschmann keine Devisen für diesen Zweck mehr zur Verfügung hatte, war die Ratlosigkeit groß. Als einzige Lösung bot sich die illegale Einfuhr aus der ČSSR an. Die erste Schwierigkeit war die Beschaffung des Geldes: Rund 15.000 tschechische Kronen wurden benötigt. Beide Währungen waren nicht frei konvertierbar. Deshalb konnte man gegen DDR-Mark für Besuchs- und Touristenreisen für höchstens sieben Tage nur einen kleinen Betrag tauschen. Jeder Tausch aber mußte durch die Bank im Personalausweis beurkundet werden.

Ich gewann nun eine große Anzahl von Vertrauenspersonen, die mir ihren Personalausweis zur Verfügung stellten und nun Scheinreisen in die ČSSR unternahmen. Umgekehrt überbrachte ich DDR-Mark-Beträge in die ČSSR zu meinen Freunden, die mit diesem Geld ihre Reisen in die DDR finanzierten und mir dafür die notwendigen Kronen gaben. Mit dem so besorgten Geld kauften meine tschechischen Freunde alle erreichbaren Geschäfte leer.

Dann begann die zweite Schwierigkeit: Wo das gekaufte umfangreiche Material lagern und wie es über die Grenze bringen? Einer meiner Freunde – ich werde es ihm nie vergessen – riskierte die Lagerung in seiner Autogarage. Dann haben wir nach und nach innerhalb von drei Monaten die Armaturen durch befreundete „Touristen" und Schmuggler herübergebracht. Wenn jetzt die alten Heimbewohner die Hähne zum Baden und Duschen aufdrehen, können sie nicht ahnen, wieviel Nerven deren Beschaffung damals gekostet hat.

Reisen

Im KZ gipfelte mein Drang nach Freiheit schließlich in der Flucht aus dem Todesmarsch; in der DDR machte er sich Luft in Versuchen, durch Reisen der DDR zu entkommen, wo sich nur eine Möglichkeit bot. So wie ich im KZ erfinderisch wurde im Stehlen (Mundraub), wurde ich jetzt erfinderisch in dem Bemühen, aus dem DDR-Gefängnis auszubrechen.

Mit der Übergabe der Akten für die Seligsprechung von Karl Leisner in Rom war eine Wallfahrt aus dem Bistum Münster verbunden. Nach vielen Anträgen und

Beschwerden erreiche ich, wenn auch verspätet, schließlich die Erlaubnis, an der Ehrung dieses „Antifaschisten" in Rom teilzunehmen. Schnell erbitte ich noch auf dem österreichischen Konsulat ein Durchreisevisum für Österreich, um auf der Rückreise dort Freunde zu besuchen. Der Beamte gibt mir aber das Visum auch für die Hinfahrt. Wieder nach Schirgiswalde zurückgekommen, zeige ich meinen Kaplänen meinen Paß mit dem nichtbenutzten Visum. „Das ist ja ein Wink vom Himmel", sagen sie. „Fahren Sie doch nochmals nach Österreich." Weil aber dazu das DDR-Ausreisevisum fehlt, riskiere ich folgenden Ausweg: Ich reise visafrei (damals noch) über Frankfurt/Oder nach Warschau, löse mit illegal mitgeführtem Westgeld die Flugkarte nach Wien. Um auf der Rückreise den Stempel an der österreichisch-tschechischen Grenze zu vermeiden, fahre ich nicht mit dem Zug zurück, sondern fliege von Wien nach Prag und von da per Bahn nach Dresden. An der DDR-Grenzstation fragen die Beamten verwirrt: „Wo sind Sie gewesen?" Meine Antwort: „In Polen!" – „Ach ja, Einreise in Frankfurt/Oder." Und schon habe ich meinen Wiedereinreise-Stempel und bin wieder „daheim", ohne daß die DDR-Polizei jemals erfahren hat, daß ich acht Tage in Österreich war.

Ein großes Erlebnis war es dann für mich, als ich im Rentenalter endlich ans Grab meiner Eltern reisen und ganz legal meine Geschwister im Westen besuchen konnte. Daraufhin wuchs mein Verlangen, auch andere Länder der großen Welt, die mir schon so lange durch die DDR-Diktatur verschlossen waren, kennenzulernen. Das große Hindernis aber war das dazu notwendige Ausreisevisum, das die Polizei nur zu Verwandtenbesuchen gewährte.

Gern hätte ich z. B. ein Krankenhaus bei Bombay besucht, das wir von Schirgiswalde aus seit langem mit medizinischem Material versorgt hatten, weil eine finanzielle Unterstützung aus der DDR ja unmöglich war.

Gott meinte es wiederum gut mit mir: In Ost-Berlin sehe ich vor dem Reisebüro der Aeroflot die Flugrouten nach Indien, gehe spontan hinein und frage, ob ich mit Rubel oder DDR-Mark ein Ticket nach Bombay erwerben kann, und bekomme die überraschende Auskunft: „Sie können bezahlen, wie Sie wollen."

Erfreut stelle ich daraufhin bei der Polizei in Bautzen den Antrag auf ein Ausreisevisum zum Besuch meiner „Nichte", die in diesem Krankenhaus Oberin war. Indien hatte damals als erstes nichtkommunistisches Land die DDR anerkannt. Wohl deswegen erhielt ich den entscheidenden Ausreise-Stempel in meinem Paß und wollte nun beim DDR-Reisebüro das Einreisevisum (für Indien) erbitten. Dort erfahre ich zu meinem Schrecken, daß ich bei der Aeroflot in Berlin eine falsche Information erhalten habe: „Ihre Verwandten in Indien müssen den Flug hin und zurück in Valuta bezahlen." Nach dieser Enttäuschung wollte ich zuerst meinen Reiseplan begraben. Aber wenn man einmal den kostbaren Ausreisestempel hat, gibt man nicht gleich auf. Nach mühsamen Recherchen – die DDR-Reisebüros gaben keine Auskünfte und Hilfen bei Reisen in nichtsozialistische Länder – hatte ich erkundet, daß man bei der DDR-Fluggesellschaft „Interflug" auf jeden Fall in Ost-Geld bezahlen kann. Aber da gab es nur einen einzigen Flug nach Ostasien, und zwar nach dem kommunistischen Hanoi (Nord-Vietnam) mit Zwischenlandungen in Moskau, Taschkent und Dacca (Bangladesch). Nun suchte ich, um das Reisebüro zu umgehen, persönlich die indische Botschaft (zugleich Konsulat) in Berlin auf, was für einen DDR-Bürger verboten war, und bat dort direkt um das Einreisevisum. Nachdem ich es durch den freundlichen Botschafter in kurzer

Zeit erhalten hatte, konnte ich nun bei der „Interflug"
das Ticket für einen Flug von Berlin nach Dacca und
zurück in Ost-Geld bezahlen. Auf dem Flugbüro hatte
ich den Eindruck, daß ich der erste DDR-Bürger war, der
privat nach Indien reisen konnte, denn zu meiner Überraschung bekam ich auch noch die Tickets für die Weiter-
flüge in Indien (von Dacca über Kalkutta, Nagpur nach
Bombay) für DDR-Mark, obschon diese ja keine Inter-
flug-Routen waren. Weil ich auf dem Rückflug in Dacca
wieder in die Interflug-Maschine einsteigen mußte, war
die Reise umständlich (viermal überquerte ich Indien)
und zugleich abenteuerlich, da es meine erste Weltreise
war. Aber sie war für mich ein unvergeßliches Erlebnis
und wurde gekrönt durch die Begegnung mit Mutter
Teresa bei einer Profeßfeier, wo 35 junge Inderinnen ihre
Gelübde ablegten.

Kirchliches Leben in Schirgiswalde

Mit Schirgiswalde übernahm ich eine Pfarrei, deren rund
4.000 Gläubige durch das eifrige Wirken meines Vorgän-
gers und seiner Kapläne zumeist im Glauben gefestigt
waren. Trotzdem hatte ich – vor allem nach dem II. Vatikanischen Konzil – manche Reformen durchzuführen.
 Bisher war ich in der sächsischen Diaspora durchweg
nur Heimatvertriebenen Seelsorger und Hirte gewesen.
Da war es darauf angekommen, diesen durch die Vertreibung oft verstörten Menschen durch intensive Glaubensverkündigung zu zeigen, wo ihre eigentliche Heimat ist:
Weder im verlorenen Böhmen, Schlesien oder Ostpreußen,
noch im Paradies des „realen Sozialismus", noch im „Gol-

denen Westen", sondern in der Gemeinschaft mit Gott, in der Gemeinschaft der Kirche, die von Christus den Auftrag hat: „Gebt ihr ihnen zu essen"(Mt 6,37).

Diesem Ziel diente auch die Kapellenerweiterung in Berggießhübel, ferner der Kirchenneubau in Wilsdruff und der Bau der Fuchsbergkapelle.

In Schirgiswalde war die Situation anders. Es gab zwar auch eine große Anzahl von Flüchtlingen, aber der Stamm der Gemeinde waren die „Alteingesessenen" mit einer jahrhundertealten religiösen Tradition in Form von Prozessionen und sonstigem kirchlichen Brauchtum. Diese Tradition, die von den Kirchengegnern – aufgrund der Abmachungen auf der Jalta-Konferenz – nicht angetastet wurde, mußte nun zum Teil reformiert und mit neuem Leben erfüllt werden.

Die Fronleichnamsprozession z. B. erfuhr bereits 1960 eine Neubelebung durch die Verlegung des Hochamtes in den Park des St.-Pius-Hauses mit einem Zeltaltar nach dem Muster des Altars vom Münchener Eucharistischen Kongreß. Auch die Bittprozessionen wurden reformiert und z. T. durch Bittandachten ersetzt. Die Neugestaltung der seit dem 30jährigen Krieg jährlich zu Ostern durchgeführten Pestprozession übernahm die Jugend. Während vor dem Konzil der Kirchenchor den Hauptgottesdienst durch mehrstimmige lateinische Messen allein beherrschte, wurden jetzt die Gläubigen durch entsprechende Kirchenlieder und Gesänge stärker in die Meßgestaltung einbezogen und der Chor vor allem an Festtagen durch lateinische Gesänge beteiligt. Dies zu erreichen, erforderte, wie wohl in den meisten Traditionsgemeinden, auch in Schirgiswalde viel Geduld und Überzeugungsarbeit.

Nach dem 1. Weltkrieg hatte sich, wie auch im übrigen Deutschland, in Schirgiswalde zu dem aktiven kirchlichen Leben noch ein blühendes Vereinsleben gesellt (zum Beispiel Volksverein für das katholische Deutschland, Männer-, Frauen-, Jungfrauen- und Jungmännerverband, Kolping und Jungborn). Durch die Nazis wurden die Vereine dann unterdrückt und schließlich aufgelöst. Doch nach dem Krieg blieb uns im Osten infolge der ebenfalls kirchenfeindlichen Haltung der neuen Machthaber – im Gegensatz zum Westen – nur der innerkirchliche Raum der Pfarrgemeinde als Möglichkeit der Glaubensverkündigung. Die ehemaligen Vereine lebten da, z. T. getarnt, wieder auf als „religiöse Standesgruppen" und als Kolpingfamilie. Neu entstanden „Elisabethfrauen" und Kommunionhelfer-, Ministranten-, Lektoren- und Familien-Hauskreise.

Beeinflußt durch die katholische Jugendbewegung und die engen Kontakte mit der Leipziger Priestergemeinschaft des „Oratoriums vom hl. Philipp Neri", deren Vertreter auch als Berater beim II. Vatikanischen Konzil maßgeblich zu den Reformen beigetragen haben, sah ich stets meine Aufgabe darin, das Leben der Gläubigen im Geiste der Liturgischen Bewegung (Guardini) zu erneuern und zu vertiefen. Schon vor dem Krieg hatte ich im Gemeinderaum zu Oschatz eine Wochentagskapelle nach dem Muster von Leipzig-Liebfrauen eingerichtet, in der man zum Volk hin zelebrieren konnte, ebenso später in der Notkapelle zu Wilsdruff.

Nach dem Konzil wollte ich bei der notwendigen Umgestaltung des Altarraumes nicht – wie in vielen Barockkirchen – einen zweiten „Volksaltar" aufstellen, sondern habe den barocken Altartisch von der Altarwand abgelöst und zum Volk hin vorgerückt. Dazu wurden die beiden – später eingebauten – Seitenaltäre und die Seitenemporen entfernt, ebenso die Kommunionbank.

Unter Aufsicht und Beratung des Instituts für Denkmalpflege Dresden wurde gleichzeitig der gesamte Kirchenraum renoviert und der barocke Altaraufbau samt den Heiligenfiguren in den alten Farben wunderbar restauriert, so daß die Gemeinde ihre helle Freude am neuen Gotteshaus hatte und so manche Kritik verstummte.

Überhaupt war das Konzil – und zwar nicht nur die Liturgiereform – ein mich höchst beglückendes Ereignis. Deshalb ging ich in Schirgiswalde mit neuem Schwung meine priesterlichen Aufgaben an. Dabei war mir bewußt, daß jetzt nicht „alles leichter wird", daß Reformen weder vom Himmel fallen noch verordnet werden können, daß sie mich und die Gemeinde fordern werden und die eigentliche Reform erbetet werden muß.

Anders als in der Diaspora war hier meine Aufgabe als Seelsorger leichter, weil meine neue Gemeinde überschaubar war und ich in den letzten Jahrzehnten immer zwei Kapläne als Helfer hatte. Allerdings bestand in ihr – als einer katholischen Enklave – auch stets die Gefahr einer Ghetto-Mentalität sowie einer passiven Erwartungshaltung gegenüber den Priestern.

Um dem entgegenzusteuern, teilte ich die Gemeinde in Straßenbezirke ein, in denen jeweils eine „Elisabethfrau" das „Auge des Pfarrers" sein sollte, um seelsorgliche und soziale Notstände zu entdecken und nach Möglichkeit zu beheben. Vor allem mußte so manche noch lernen, bei „schwarzen Schafen" „den glimmenden Docht nicht auszulöschen" und Geduld mit allen zu haben, auch wenn sie den Forderungen der Kirche nicht immer und überall nachkamen. Diese seelsorgliche Linie erregte gelegentlich Erstaunen und auch Widerspruch. Andrerseits war ich streng gegenüber solchen, in deren Leben man keinerlei Anzeichen entdecken konnte, daß sie der Kirche angehören wollten. Denn ich hatte oft nicht nur mit menschlicher Trägheit zu kämpfen, sondern vor allem auch mit Blindheit gegenüber den Gefahren des militanten Atheismus in der DDR. Darum war jedes Jahr das Thema meiner Neujahrspredigt: „Ihr lebt nicht auf dem Mond, sondern in einem Staat, der euch und besonders eure Kinder zur Gottlosigkeit erziehen will. Darum hat nicht nur ein aus der Kirche Ausgetretener, sondern auch einer, der keine Kirchensteuer zahlen will – mit Betonung auf will – keinen Anspruch auf eine kirchliche Beerdigung, wenn auch sonst in seinem Leben keinerlei Anzeichen seiner Kirchenzugehörigkeit zu entdecken sind."

Um bei dieser Praxis jede Härte gegenüber den Hinterbliebenen zu vermeiden, habe ich selbst – ohne Chorkleidung – in der Totenhalle diese Haltung erklärt und begründet, andrerseits aber betont, daß dies keine Verurteilung des Verstorbenen bedeutet. Anschließend bin ich stets mit den Angehörigen zum Grab gegangen und habe dort mit ihnen das „Vater unser" gebetet.

Rückblickend kann ich sagen, daß diese meine Haltung, die anderswo in einer nicht überschaubaren Gemeinde kaum möglich ist, auch von den Betroffenen stets anerkannt wurde und sich in allen Fällen bewährt hat.

Als die Kirchen- und Caritas-Sammlungen auf eine bloße Straßensammlung eingeschränkt wurden, ließ ich Gebetszettel drucken, auf denen die Gläubigen sich verpflichten konnten, monatlich einen bestimmten Betrag für die Caritas zu spenden. Zugleich erklärten sie darauf ihr Einverständnis, daß dieser Betrag durch unsere Elisabethfrauen abgeholt werde.

Auf diese Weise konnte ich die kirchenfeindliche Maßnahme in Schirgiswalde umgehen. Außerdem sind natürlich die Straßensammlungen durchgeführt worden, und zwar zu 90 % durch die Jugend.

Die Jugendseelsorge war natürlich eine Domäne der Kapläne, die ich ihnen gern überließ, wenn auch ihre „Sünden" gegen die Zielsetzungen der DDR – wie ich

aus meinen Stasi-Akten ersehe – ausschließlich mir zur
Last gelegt wurden. Außer den Schaukastenaktionen waren
es illegale Tanzveranstaltungen und die Jugendmessen
mit Band-Begleitung, die den Argwohn und Neid der
Kirchenfeinde erregten.

Als die farbige Sängerin Eta Cameron (USA) auf Einladung der Regierung in die DDR kam und dann erklärte,
sie würde ihre „Spirituals" nur in Kirchen singen, haben
wir sie sogleich nach Schirgiswalde eingeladen. Da war
in der Pfarrkirche kein Platz mehr frei, denn 50 % der Jugendlichen waren aus der nichtkatholischen Umgebung
nach Schirgiswalde gekommen.

Die dunkle Wolke der atheistischen Bedrohung hatte
in Schirgiswalde auch ihre erfreuliche Kehrseite: Der größte
Teil der Gemeinde reagierte darauf mit „Widerstand aus
dem Glauben". Alle erdenklichen Möglichkeiten, trotz
der vielen Behinderungen den Glauben zu festigen und
das kirchliche Leben zu aktivieren, wurden ausgeschöpft.
Dadurch erblühte ein Gemeindeleben, um das mancher
Pfarrer im freien Westen uns beneidet hätte.

*„Der Pfarrer, der Sonntag für Sonntag in glühender Sonne seine
Gemeindemitglieder sammelte und mit seinem alten Bus zur
Kirche brachte, hatte mich gelehrt: Zum Glauben gehören Disziplin und Beständigkeit. Ich begann zu beten, zu ganz bestimmten Stunden, nicht nur im Augenblick der Krise.*

*Stundenlang ritt ich hinaus in die Wüste unter der glühen-
den Texassonne, war allein und betete."*
Wernher von Braun (geb. 1912)

Das erklärt auch die vielen religiösen Vorträge, Einkehr-
tage und Sonderpredigten in der Gemeinde, ferner die
monatliche Anbetung und die festliche Gestaltung der
Liturgie nach dem Konzil, wobei wir an alte Traditionen

anknüpfen konnten. So leuchtete jeweils in der Osternachtfeier nicht nur das große Osterfeuer vor der Kirche, sondern auch ein drei Meter hohes strahlendes Kreuz auf dem Mälzerberg über der Stadt. Der uralte Brauch, zu Weihnachten in jeder Familie eine Krippe aufzustellen, erfuhr eine Aufwertung durch Krippenausstellungen im Pfarrheim.

Vor allem wurde auch die Pfarr-Caritas aktiviert, die in Schirgiswalde schon 1705 ein „Armenhaus" besaß, später das Kinderheim „König-Albert-Stift" und die Schwesternstation im Pius-Haus. Mir ging es besonders um die Einbindung der Gläubigen in die karitativen Bemühungen durch Wochenend-Einsätze von jungen Frauen im neuen Alterspflegeheim, was sich segensreich ausgewirkt hat. Gern verband ich solche Bemühungen mit der Liturgie des Kirchenjahres: Weihnachten besuchten Jugendliche die Kranken und erfreuten sie nicht nur mit Liedern und Geschenken, sondern auch mit der Übertragung der Weihnachtspredigt des Pfarrers durch einen Recorder. Zur Fußwaschung ging ich bei der Auswahl der „Apostel" nicht den Weg des geringsten Widerstandes, sondern forderte – meist durch persönlichen Besuch – gerade auch die der Kirche fernstehenden jungen Männer dazu auf, die im Jahr zuvor Vater geworden waren, um ihnen zu zeigen, daß für sie die karitative „Fußwaschung" in der Familie besonders aktuell geworden sei. Anschließend habe ich sie zu einem Glas Wein ins Pfarrhaus eingeladen.

Bautätigkeit

In Schirgiswalde fand ich eine Sonntags-Gottesdienstordnung mit vier heiligen Messen vor: 5.45 Uhr, 6.45 Uhr, 8.00 Uhr und 10.00 Uhr als Hochamt. Eine Abendmesse gab es ja damals noch nicht. Alle waren sehr stark besucht. Vor allem störte mich die sogenannte Kindermesse um 8.00 Uhr. Zwei Drittel der Kirchenbänke waren mit Kindern vom ersten bis achten Schuljahr besetzt, alle übrigen Sitz- und Stehplätze – auch auf den Emporen – mit Jugendlichen und Erwachsenen.

Um die Kinder ihrem Alter gemäß besser ansprechen zu können, ließ ich die benachbarte Friedhofskapelle umbauen: Die drei Leichenkammern wurden entfernt (für Beerdigungsgottesdienste wurden die Leichen jetzt durch einen Aufzug aus einer unteren Kammer in die Kapelle gebracht), um einen größeren Raum zu gewinnen, und ein neuer Altartisch erlaubte die Zelebration zum Volke hin. So konnte jetzt, zeitlich parallel zur bisherigen Kindermesse, abwechselnd in Messen für größere und kleinere Kinder das zentrale Geheimnis des Glaubens besser nahegebracht werden. Auch für Jugendgruppen wurde die Kapelle nun oft benutzt.

Als im Zuge der Innenrestauration der Pfarrkirche 1966 bis 1968 die Seitenemporen entfernt wurden, habe ich noch eine fünfte heilige Messe eingeführt. Erst der Bau der Fuchsbergkapelle brachte eine wirkliche Entlastung in unserer damaligen Raumnot: In der Pfarrkirche reichten jetzt drei heilige Messen aus, weil wir in der neuen Kapelle samstags eine gut besuchte Abendmesse und am Sonntag eine Frühmesse gefeiert haben.

Die Seitenemporen waren durch den Berliner Kunstmaler Schellhasse mit Kreuzwegbildern ausgestattet wor-

Pfarrkirche in Schirgiswalde

den. Wegen der Höhe eigneten sie sich nicht zum betrachtenden Beten. An den Außenwänden der Kirche waren jedoch seit 1896 14 Terrakotta-Darstellungen des Kreuzweges angebracht, eingefaßt in neugotischen Sandstein-Umrahmungen, die nicht gut zum barocken Baukörper der Kirche paßten und bereits in Verfall gerieten. Allgemein ist es in der ganzen Gemeinde deshalb begrüßt worden, daß ich diese Umrahmungen entfernen und alle Terrakotta-Reliefbilder direkt in die Außenmauer der Kirche einfügen ließ – und zwar nur auf der Südseite, wo die Gläubigen dann während der Fastenzeit den Kreuzweg im Sonnenschein beten konnten. Dem Steinmetz, der die Granitwand vierzehnmal aushöhlen mußte, bin ich für diese schwierige Arbeit heute noch dankbar.

In diesem Zusammenhang muß ich rühmend die Schirgiswalder Kolpingfamilie erwähnen, die ich zu neuem Leben erweckt hatte. Es waren durchweg Männer, auf die ich mich verlassen konnte, wenn es um irgendeine Hilfeleistung ging. Sie waren auch führend und erfinderisch bei der Gestaltung von Festen (z. B. Karneval). Das Gemeindefest im Pius-Park als Abschluß der „Religiösen Kinderwochen" war ohne sie nicht denkbar. Ihre Kollegen in Dresden haben mühsam unter dem Deckmantel von vier Privatfirmen, denen dies gesetzlich erlaubt war, eine Siedlung „Ferienhäuser" in einem Wald am Fuchsberg errichtet, die nach der Wende jetzt offen als „Kolping-Feriensiedlung" für Familien mit Kindern deklariert werden konnte.

Gegenüber dem am meisten benutzten Seiteneingang steht heute eine schöne Barock-Madonna aus Böhmen, die auf außergewöhnliche Weise in unseren Besitz kam. Sie hatte über zwei Jahrhunderte ihren Platz in einer Nische über dem Eingang der alten Marien-Apotheke, die mit der Gründung der DDR Eigentum der Stadt wurde. Da die Außenfassade der Apotheke saniert werden mußte, stellte sich auch die Frage nach der Restaurierung der Madonna. In der Stadtrat-Sitzung protestierte dagegen der 2. Bürgermeister (SED): „Die Restaurierung einer Heiligenfigur mit staatlichen Mitteln ist für einen sozialistischen Staat unzumutbar!"

Daraufhin erschien eine Delegation der Stadtverwaltung bei mir mit dem Angebot, der Kirchengemeinde diese Figur zu schenken und sie für die Marien-Apotheke restaurieren zu lassen. Selbstverständlich dürfe die Figur dort wieder aufgestellt werden.

Ich ließ mir diese Schenkung schriftlich geben und schaffte die Figur nach Dresden mit dem Auftrag, sie nicht nur in den alten Farben wiederherzustellen, sondern auch in den gleichen Farben eine Kopie anzufertigen. Diese Kopie stellten wir dann in die Nische der Marien-Apotheke, die Originalfigur dagegen in unsere Barockkirche, wo sie nun gegen Witterungseinflüsse geschützt war.

Als bald darauf die Marien-Apotheke in den Besitz der Kreisgesundheitsbehörde überging, stellte diese dann Ansprüche auf den Besitz des Originalkunstwerkes und verlangte die Wiederaufstellung an der Marien-Apotheke. Ich wies die Ansprüche ab mit der Begründung, daß die Pfarrgemeinde als Besitzerin des Originals verpflichtet sei, das Kunstwerk vor den Einflüssen der Witterung zu schützen, so wie z. B. in Prag aus demselben Grunde keine Originalfigur mehr auf der Karlsbrücke steht.

Gleich im ersten Jahr meines Wirkens mußte ich auch die Orgel entfernen lassen, weil sämtliche Holzpfeifen vom Wurmfraß befallen waren. Ich nutzte – gleichfalls aus pastoral-liturgischen Gründen – die Gelegenheit, um den gesamten Emporenraum, der zur Hälfte von der bisherigen Orgel eingenommen war, umzugestalten. Mein

Ziel war: Jeder Sänger, der bisher hinter seinem Vorder-
mann den Altar überhaupt nicht sehen konnte, sollte so
auf einer Stufe stehen und sitzen können, daß er den
Altar und zugleich den Dirigenten im Blick hatte. Es war
eine schwierige Konstruktion, aber sie gelang dadurch,
daß ich die neue Orgel rund sechs Meter höher auf
einem balkonartigen Podest aufbauen ließ (nur der Spiel-

tisch blieb unten), so daß die hinteren Sänger unter der Orgel standen. Der damalige Kirchenmusikdirektor Wenk stand mit den meisten Sängern diesem Vorhaben zunächst skeptisch und zum großen Teil ablehnend gegenüber. Nach der Fertigstellung konnte ich aber allgemeine Begeisterung ernten, weil nun die Bedingungen für den Chor samt der Akustik bedeutend besser geworden waren.

Auf die Lieferung der neuen „Schleifladen-Orgel" (31 Register, drei Manuale mit mechanischer Traktur und elektrischer Registrieranlage) haben wir dann 14 Jahre warten müssen, weil in der Sowjetunion das Interesse an Konzertorgeln erwacht war – die orthodoxe Kirche kennt überhaupt keine Orgeln – und die Lieferungen dorthin natürlich absolute Priorität haben mußten. Gott Dank befand sich aber im St.-Pius-Haus für das dort seit 1959 bestehende Seminar für Kirchenmusik eine Klein-Orgel, die nun in unsere Pfarrkirche verlegt wurde, um die Zeitlücke zu überbrücken. Die Schüler mußten dann wochentags dort üben. Leider wurde diese Ausbildungsstätte für den kirchenmusikalischen Dienst bereits 1970 wegen Mangels an Teilnehmern geschlossen. Die Klein-Orgel fand nun ihren willkommenen Standort in der neuen Fuchsbergkapelle.

Eine große Bedeutung für das Leben der Gemeinde hatte der zu meiner Zeit besonders leistungsfähige Kirchenchor. Zu meiner Einführung sang er die „Missa Papae Marcelli" von Palestrina Zu seinem Repertoire gehörten auch die e-Moll-Messe von Bruckner und verschiedene Werke von Haßler, Liszt, Haydn, Mozart, Händel, Schröder, Pembaur und sogar von einem Schirgiswalder Komponisten: Siegfried Strohbach. Oft strahlte der Rundfunk (und neuerdings das Fernsehen) die Messen aus. Auch profane Werke wurden im Rahmen kultureller Veranstaltungen der Öffentlichkeit dargeboten.

In Westdeutschland kann sich kaum jemand eine rechte Vorstellung davon machen, was kirchliches Bauen in der DDR bedeutet hat. Während meines ganzen Priesterlebens bin ich dort mit Bauvorhaben geplagt gewesen. Ich habe mich nie dazu gedrängt und hatte auch keine Ahnung vom Bauen. Aber wir bekamen ja nie eine Baufirma (Wilsdruff war eine glückliche Ausnahme); selbst die Handwerker durften nur für staatliche Aufgaben eingesetzt werden und konnten uns also ausschließlich nach Feierabend etwas helfen. Jedes Bau- und Reparaturvorhaben mußte durch freiwillige Arbeitseinsätze der Gemeindemitglieder durchgeführt werden. Wenn da der Pfarrer nicht mit gutem Beispiel voranging, war der Eifer der Helfer bald erlahmt. So habe ich in den 40 Jahren immer wieder Seite an Seite mit ihnen gearbeitet und viel von Maurern, Zimmerleuten und Handwerkern gelernt.

Das hat auf humorvolle Weise unser Mundart-Sprecher Hans Wenke in seinem Festvortrag geschildert, als er bei der Gemeindefeier zur Einweihung der Fuchsbergkapelle 1969 von dem mühsamen vierjährigen Baugeschehen im Oberlausitzer Dialekt berichtete. Bischof Spülbeck gestand nachher, er habe in seinem ganzen Leben noch nie so viel gelacht wie an diesem Abend. Nach einem Rückblick auf die Geschichte der Pfarrgemeinde seit 100 Jahren erzählte er von den vielen Veränderungen und Umbauten in der Pfarrkirche seit dem Konzil, dann aber vom Grundstückstausch für einen Filialfriedhof: „Als erstes zog der Pfarrer einen Zaun um das Grundstück, denn das wußte er noch von Dachau her, daß dies die Hauptsache ist." (Das war eine Anspielung für die anwesenden SED-Genossen auf die neuverminte DDR-Grenze.) Dann ging es weiter über mich her, wie ich Geld, Baumaterial und Arbeitskräfte mit Erfolg zusammenholte, „denn wie er tun kann, wenn er was braucht, das wissen wir alle". Von den anderen Arbeitern sei ich in der Kleidung nicht zu unterscheiden gewesen. Nur einmal, als mir eine Schubkarre umgekippt war, hätten sie gemerkt, daß ich doch kein richtiger Bauarbeiter sei – aber nur dadurch, daß ich dabei nicht geflucht habe. Zum Schluß ein trüber Ausblick in die Zukunft: „Was wird uns alles noch bevorstehen!" „Denn der Pfarrer ist erst neun Jahre da und hat jetzt schon sein ‚Hermannsdenkmal' auf dem Fuchsberg stehen."

Meine Vorfahren väterlicherseits sind alle Zimmerleute gewesen. Deshalb habe ich mich besonders beim Gerüstbau „qualifiziert" und einmal selbst eine Gerüstkonstruktion erdacht, die uns bei der Innenrenovierung der Pfarrkirche gute Dienste geleistet hat. Es ging darum, daß trotz der Gerüstbauten die Kirche weiter benutzbar blieb. Der Ansatz des barocken Gewölbes ruhte in 12 Meter Höhe auf einem Sims von 35 cm Breite. Ich ließ nun einen fahrbaren Gerüstturm bauen, der es erlaubte, im Mittelgang der Kirche abschnittsweise das Deckengewölbe neu zu streichen. Von diesem Gerüstturm aus legten wir nämlich Balken auf den Sims und belegten sie mit Brettern, so daß die Maler einen bequemen Boden zum Arbeiten hatten. Sobald ein Abschnitt fertig war, wurden Balken und Bretter für den nächsten Abschnitt neu verlegt, nachdem der Turm im Mittelgang weitergeschoben war.

In Schirgiswalde gab es auch Steinmetze, die mir beigebracht haben, wie man mit der Hand große Granitblöcke zerspalten kann. Oft habe ich dann gebetet, Gott möge mir ebenso das Geschick schenken, so manche granitharte Herzen aufzubrechen.

Ich lernte aber auch, die durch die staatlichen Beschränkungen entstandenen Schwierigkeiten zu überwinden. Denn während ein Pfarrer im Westen für einen Bau nur das nötige Geld braucht, hatten wir in der DDR zumeist genügend (Ost-)Geld. Unsere Gläubigen konnten ja auch für ihr Geld über den Lebensunterhalt hinaus kaum etwas kaufen und waren durchweg genügsam aufgewachsen. Deshalb war die Spendenfreudigkeit für kirchliche Zwecke und Caritas meist sehr groß. Aber wir bekamen dafür kein Material. Es war fast alles „kontingentiert". Wenn mal Baumaterial für Reparaturzwecke an die Bevölkerung freigegeben wurde, beantragten unsere Gläubigen schnell einen Sack Zement oder Ziegelsteine zur Instandsetzung ihrer Grundstücke und spendeten uns das Material. Natürlich konnten auch wir als Kirchengemeinde Anträge stellen; aber selbst uns wohlgesonnene Angestellte mußten sich vor ihren ungläubigen Kollegen hüten, uns etwa bevorzugt zu beliefern. Ein Mitbruder drückte es einmal so aus: „Bei uns in der DDR ist jeder Ziegelstein ein Geschenk des Staates."

Unvergeßlich bleibt mir die Beschaffung und Montage der drei Träger, auf denen das Dach der Fuchsbergkapelle ruht. Die Auflage der beiden Seitenträger in Mannshöhe war zunächst noch kein Problem. Aber den First-Träger auf die Spitzen der beiden Gebäudegiebel zu heben, war unmöglich. Dafür hätten wir einen Spezialkran gebraucht, der nicht zu beschaffen war. Not macht erfinderisch. Wir hatten 60 gebrauchte Eisenbahnschwellen für die Bauwege um die Kapelle gekauft. Sie wurden nun, je zwei, kreuz und quer unter die Enden des Trägers gelegt, der nach jeder Auflage mit vier gewöhnlichen Bauwinden so oft gehoben wurde, bis er die Giebelspitzen erreichte.

In den Jahren meiner KZ-Haft habe ich das „Organisieren" im Kleinen gelernt. In der DDR setzte ich es im Großen fort: Eine benachbarte LPG (Kolchose) hatte den ihr zugewiesenen Zement am Ende des Jahres nicht verbraucht, und der Leiter verkaufte ihn unter der Hand. Im

Der schwere Firstträger ist endlich auf die Spitzen der beiden Gebäudegiebel gehoben und wird nun zugemauert.

Schutz der Dunkelheit fuhr ich mit zwei Vertrauten dorthin. Weil der Zement aber nicht in Säcken, sondern lose gelagert war, stand ich etwa eine Stunde bis zu den Hüften im Zement, um möglichst viel von dem kostbaren Material in Säcke abzufüllen und nach Hause zu bringen.

Gefährlicher wurde es beim Außenputz des Pfarrhauses. Weil die Menschen durch die ungesunden wirtschaftlichen Verhältnisse praktisch zur Korruption gezwungen waren, wenn sie ihre Häuser instand halten wollten, genehmigte die DDR-Regierung schließlich die Bildung sogenannter Baubrigaden, die aber ihrerseits erst recht korrupt wurden.

Nachdem das Pfarrhaus mühsam mit Holzstangen eingerüstet worden war, verhandelte ich mit dem Leiter einer Bautzener Baubrigade. Er verlangte, daß ich den Putzmörtel stellen sollte. Da ich das nicht konnte, bat ich ihn, das Material zu liefern. Er sagte zu, daß er sich danach umsehen wolle.

Eines Abends standen plötzlich gegen 23 Uhr zwei Kerle an meiner Haustür: „Wir bringen den Mörtel. Wo sollen wir abladen?" Beglückt zeige ich den Platz, und sie kippten einen Lastwagen und einen Anhänger ab. Dann fragten sie nach dem Geld. „Das wollte doch der Brigadier in Bautzen kaufen", sagte ich. „Nein, das müssen Sie bezahlen." – „Wieviel bekommt Ihr denn?" Der eine zum anderen: „Was sollen wir nehmen?" Der andere: „800 Mark."

Glücklicherweise hatte ich soviel Geld im Hause, und die zwei verschwanden im Dunkeln. Mir wurde nun klar, daß die beiden das Material von einem staatlichen Baubetrieb gestohlen und ebenso mit „volkseigenen" Lastwagen zu mir transportiert hatten – aber was hätte ich in dieser Situation tun können? So stand man aber immer mit einem Fuß im Gefängnis.

Jedes kircheneigene Gebäude erlebte zu meiner Zeit eine meist dramatische Baugeschichte. Das gilt besonders für den Bau der Fuchsbergkapelle und des Alterspflegeheimes. Für beide kam der Anstoß dazu von seiten des Staates. Bei der Fuchsbergkapelle wollte die staatliche „Buntweberei" ein Grundstück von uns und brachte uns dadurch auf die Idee eines Filialfriedhofes mit entsprechender Kapelle.

Beim Bau des Altersheimes war die Situation ähnlich: Jugenderziehung sollte im Zuge der Weiterentwicklung zum „sozialistischen Staat" nur Sache des Staates sein. Diesem Ziel stand unser kirchliches Kinderheim im Wege. Da kirchlicher Besitz (nach Jalta) nicht enteignet werden sollte und außerdem unser Heim eine Stiftung war (König-Albert-Stiftung), entzogen uns die Jugendämter einfach die Grundlage für die Weiterführung des Heimes, indem sie keine Kinder-Einweisungen mehr nach Schirgiswalde vornahmen. Als dazu 1970 der Schwesternkon-

182

vent Schirgiswalde verließ, wollte ich auch das kleine danebenstehende Altersheim „auslaufen" lassen. Wir stellten die Neuaufnahmen ein und kamen dadurch von 16 auf nur noch sieben Heimbewohner. Weil aber der Bedarf an Altersheimplätzen sehr groß war und außerdem der benachbarte Kindergarten in das durch den Park attraktive Pius-Haus verlegt werden konnte (nachdem dort das Seminar für Kirchenmusik geschlossen worden war), standen uns nun plötzlich drei Gebäude für ein Altersheim zur Verfügung. Daraufhin hielt ich Ausschau nach Laienkräften in der Gemeinde, die fähig und gewillt waren, das Altersheim weiterzuführen, und fand als erste Frau Martha Just und Gabriele Düring, die sich dankenswerterweise diese Aufgabe zutrauten und dann übernahmen. Der Umbau und die dringend notwendige Sanierung dieser Gebäude erwies sich aber als nicht rentabel.

Als Rentner konnte ich damals erstmalig in meine Heimatstadt Ochtrup fahren, sah das von meinem einstigen Freund erbaute neue Ochtruper Altenheim und kehrte mit dessen Plänen und mit der Absicht nach Schirgiswalde zurück, ein solches Heim auch hier zu bauen. Caritas-Direktor des Bistums war Hellmut Puschmann (heute Präsident des Caritasverbandes der Bundesrepublik). Mit seiner Hilfe haben wir fünf Jahre mit den staatlichen Behörden verhandelt und dann in der kurzen Zeit von zwei Jahren das Heim erbaut. Zunächst haben wir alle drei Gebäude mit Neuaufnahmen bis unter das Dach vollgestopft und kamen dadurch von sieben auf 52 Heimbewohner. Der Hintergrund: Bei den Verhandlungen galt der Grundsatz: Die Kirche darf sich nicht vergrößern, sondern nur den bisherigen Stand halten. Weil den staatlichen Behörden inzwischen mit den Alters- und Pflegeheimplätzen das Wasser bis zum Halse stand, genehmigten sie schließlich großzügig acht weitere Heimplätze dazu; so daß wir ein Heim mit 60 Bewohnern bauen konnten. Zwei Umstände führten dann zum schnellen glücklichen Erfolg: 1. Die Diözesan-Caritas konnte inzwischen eine eigene – damals sorbische – Baubrigade aufstellen, die täglich arbeiten konnte, und 2. Diese Brigade konnten wir noch in DDR-Währung entlohnen. Allerdings mußte alles kontingentierte Baumaterial mit Westgeld bezahlt werden. Kurze Zeit später mußten alle kirchlichen Bauvorhaben einschließlich der Löhne in Westgeld bezahlt werden (das natürlich in die Staatskasse floß, während die Arbeiter ihren Lohn in DDR-Mark erhielten).

Ein großes Lob muß ich hier den unzähligen freiwilligen Helfern spenden, die allein schon für den Bau der Fuchsbergkapelle vier Jahre lang unermüdlich ihre Arbeitskraft und Zeit geopfert haben. Aber auch die Restaurierungen der Pfarrkirche, der Außenputz des Pfarrhauses, der Bau des Altenpflegeheimes, ferner Kindergarten, St.-Pius-Haus, Kantorenhaus und viele andere Stellen erforderten immer wieder freiwillige Einsätze zumindest beim gefährlichen Gerüstbau. Dankbar gedenke ich dabei der jugendlichen Bergsteigergruppe, die mit Hilfe ihrer Kletterseile so manchen Gerüstbau bei Kurzreparaturen überflüssig machte.

Bei der letzten Restaurierung der Türme an der Pfarrkirche konnten wir von der evangelischen Kirche ein Stahlgerüst leihen, das von einer 20köpfigen Spezialbrigade an drei Samstagen aufgestellt wurde. Die Brigade forderte aber am ersten Wochenende 30, am zweiten 60 und am dritten 90 Helfer aus der Gemeinde! Als am 1. Juli 1983 dann nach dem Wiederabrüsten die letzten Stahlrohre und Bohlen fielen, begaben sich die vielen Männer in ihrer Arbeitskleidung mit mir in die Kirche und sangen dankbar: „Großer Gott, wir loben dich!" Beim Rückblick auf diese Zeit, in der mir so viele Menschen

Die jugendliche Bergsteigergruppe machte bei Kurzreparaturen so manchen Gerüstbau überflüssig.

Erst bei der letzten Außenrenovierung der Pfarrkirche (1983) konn-
ten beide Türme insgesamt durch Stahlrohre eingerüstet werden. In
den Jahrzehnten vorher mußten wir die Arbeiten mühsam und mit
einem Holzgerüst abschnittsweise durchführen.

186

um Christi willen in irgendeiner Weise selbstlos geholfen haben, kommt mir oft der Gedanke: Ich hätte nur den einen Wunsch, beim Jüngsten Gericht jeden einzelnen von ihnen Christus vorzustellen.

„Macht euch also keine Sorgen und fragt nicht: Was sollen wir essen? Was sollen wir trinken? Was sollen wir anziehen? Denn um all das geht es den Heiden. Euer himmlischer Vater weiß, daß ihr das alles braucht. Euch aber muß es zuerst um sein Reich und um seine Gerechtigkeit gehen, dann wird euch alles andere dazugegeben." (Mt 6, 31-34)

Manche kirchliche und nichtkirchliche Beobachter sahen in mir (und meinem Vorgänger) vor allem den Bauherrn. Zu meinem Trost schrieb der „Kirchenhistorikter" unserer Pfarrgemeinde, Benno Töppel, in einer Festschrift zum 250jährigen Bestehen der Pfarrkirche: „Wenn nun all diese beachtlichen baulichen Maßnahmen während der Amtszeit zweier Pfarrer bewältigt werden konnten, so mochten sie beide dennoch nicht als bauliche Restauratoren verstanden werden. Neubauten, Instandhaltungen, Restaurationen und sonstige Geländeveränderungen kirchlichen Eigentums dienten nur dem einen Ziel, Voraussetzungen für die Entwicklung und Förderung kirchlichen Gemeindelebens zu schaffen. Der Seelsorge gebührte der Vorrang, einer Seelsorge, die vom Altar in der Kirche ausgeht, aber nicht an den Kirchmauern endet."

Begegnungen mit der Stasi

Als ich im Frühjahr 1946 den „Eisernen Vorhang" überschritt, war mir klar, daß es im Machtbereich des Kommunismus etwas Ähnliches wie die Gestapo der Nazis geben würde. Bis zur Gründung der DDR 1949 trieb der NKWD (früher GPU = sowjetische politische Geheimpolizei) der Sowjetunion im Auftrag der Roten Armee als Besatzungsmacht sein Unwesen in der SBZ.

Daß aber später die DDR mit ihrer „Staatssicherheit" ein so perfektes, alle Bereiche der Bevölkerung erfassendes System der Überwachung entwickeln würde, konnte ich während meiner ganzen DDR-Zeit nicht ahnen. Erst mit dem Einblick in meine Akten der Stasi bei der Gauck-Behörde nach der Wende stellte ich mit Erschrecken fest, in welch feinmaschigem Netz auch ich mit allen DDR-Bürgern damals gefangen war.

Natürlich hat sich die Stasi erst langsam zu diesem perfekten System entwickelt. Das kann ich jetzt im Rückblick auf meine erste Begegnung mit zwei Stasi-Beamten am 21. Mai 1959 erkennen.

Der Hintergrund: Elf Jahre zuvor hatte ich in Berggießhübel vier Tschechen (darunter einem KZ-Priester) nach der Machtergreifung der Kommunisten in der Tschechoslowakei Fluchthilfe geleistet. Sie wurden nach der illegalen Grenzüberschreitung mit meinem Pkw in meine Wohnung gebracht, übernachteten dort und gelangten dann glücklich nach West-Berlin. Einer der dabei Beteiligten, mein Sonntags-Organist und Chorleiter, wurde 1959 wegen seiner Kontakte zur sudetendeutschen Landsmannschaft in West-Berlin verhaftet und hat dafür über drei Jahre im politischen Zuchthaus Bautzen, „Gelbes Elend" genannt, verbracht. Unter den brutalen Methoden der Un-

tersuchungshaft hat er auch über den „Fluchthilfevorgang"
ausgesagt (er hat es mir später gestanden). Daraufhin
kamen die Stasi-Leute zu mir nach Wilsdruff. Im Nach-
hinein mache ich mir über ihr Vorgehen folgendes Bild:
Sie hatten eindeutig den Auftrag, mich als „GI" (=
Geheimer Informant) zu gewinnen: „Sch. hat Möglichkeiten, kirchliche Informationen zu liefern." Das „Flucht-
hilfe-Verbrechen" spielte offenbar nur die Rolle eines
Druckmittels zur Erreichung dieses Zieles.

Ich hätte ja damals ohne weiteres verhaftet und verurteilt werden können, weil ich geholfen hatte, Antikom-
munisten aus der Tschechoslowakei durch die DDR ins
westliche Ausland zu schleusen. Aber die Ziele der Stasi
hatten anscheinend Priorität vor der Justiz. Ich berief
mich nun auf den großen zeitlichen Abstand von 11 Jahren und erklärte, ich könne mich da an nichts mehr erinnern. Dazu lächelten sie nur. Es lag ja auch nicht in ihrem
Interesse, den genauen Sachverhalt meiner Fluchthilfe-
Aktion zu erfahren. Es genügte ihnen, mir zu bedeuten:
Wir wissen alles und können, wenn wir wollen, Sie ins
Gefängnis bringen.

Für das zweite Gespräch am 6. Juli 1959 wird in den
Akten als Ziel formuliert, die „Frage nach ehrlicher Zusammenarbeit zu stellen", und zwar „zunächst noch ohne
Aufforderung zu schriftlicher Verpflichtung". Da ich dieser Frage gegenüber ausweiche, verabschieden sie sich
mit der höflichen Bitte, über ihre Besuche Diskretion zu
wahren.

Am 30. Juli 1959 setzen sie zum Generalangriff an.
Zunächst berichten sie von den Vernehmungsprotokollen
meines sudetendeutschen Chorleiters, aus denen klar
hervorgeht, daß „Sch. der Initiator der Schleusung" gewesen ist. Damit sollte wohl erneut Druck ausgeübt werden. Die Frage, ob ich jetzt noch Verbindungen zur ČSSR

habe, kann ich ehrlich mit „Nein" beantworten, denn der einzige, mit dem ich Kontakt hatte, war nun im Westen, und neue Verbindungen hatte ich damals noch nicht geknüpft.

Dann kam die entscheidende Frage nach der Zusammenarbeit und ob ich die verlangte Diskretion eingehalten hätte.

Der Stasi-Aktenbericht schließt mit dem Satz: „Sch. hat über alle Kontaktgespräche seinen Bischof informiert."

Die Versuche, mich als GI zu gewinnen, werden deshalb aufgegeben.

1960 berichtete ein Spitzel ausführlich von meinem Dia-Vortrag vor den Firmlingen in Zwickau über meine KZ-Zeit. Der Vortrag wurde an vielen Stellen beanstandet und die Kirchenleitung – über Propst Fischer und Generalvikar Dr. Hötzel – aufgefordert, mich zurechtzuweisen. Ich wurde daraufhin vom Generalvikar darüber informiert.

Erst im Herbst 1962 zeugt eine Notiz in den Akten davon, daß ich auch in Schirgiswalde weiter beschattet werde. Der Schuldirektor gibt einen Hinweis auf „eine von Sch. organisierte Fahrt nach Berlin".

Am 1. Juli 1967 gibt es in den Akten einen ausführlichen Bericht über meinen Vortrag in einer Ost-Berliner Pfarrei über den im KZ-Dachau verhungerten Priester Josef Lenzel. „Sch. äußerte darin, daß das Spitzelsystem damals genauso wie heute geblüht habe."

Im August 1970 beginnt eine neue Phase der Stasi-Beobachtung, die mit Unterbrechung im Jahre 1972 bis April 1974 dauert und das Ziel verfolgt, Anklage-Material für einen Prozeß wegen „staatsfeindlicher Hetze" zu sammeln.

Zuerst werden die IME (das sind Experten im besonderen Einsatz) „Fültner" und „Ernst" zur Überwachung meiner Gottesdienste eingesetzt mit dem Auftrag, „geeignete Maßnahmen zu veranlassen". Anlaß ist ein Bericht

190

vom April 1970 über die Situation in Schirgiswalde: 25 % sind nicht zur Wahl für die neue Verfassung gegangen. In Predigten nimmt der Pfarrer oft Stellung gegen die sozialistische Jugendweihe, er vergleicht die DDR-Verhältnisse mit der Zeit des Faschismus. In Schaukästen wird Kritik an der Sprengung der Universitätskirche Leipzig geübt. Von der Jugend werden Hetzschriften dazu verfaßt und Kirchengegner durch Grabstein-Abbildungen im Pfarr-Schaukasten verhöhnt.

Am 24. 8. 1970 wird eine Grundanalyse durch drei IMS („Sperber", „Hecht" und „Inge") – offenbar keine Katholiken, denn die Kapläne werden als „Kaplans-Studenten" bezeichnet, der Katechet Heretsch als „Erzkatholik und als williges Werkzeug der Kirche" – und dazu ein Grundriß des Pfarrhauses angefordert (vielleicht um einen Plan für eine plötzliche Verhaftung vorzubereiten).

Ein Schreiben vom 31. 8. 1970 berichtet über „negativen Einfluß des Sch." auf drei Jugendliche, ferner über seine Bulgarienreise.

Der Bericht vom 24. 11. 1970 bringt durch IME Marschner (Kirchensekretär in Bautzen?) und IMS „Sperber" eine genaue Beschreibung der Jugendmessen mit rhythmischer Band-Begleitung, die offenbar wegen des Einflusses auf die Jugend das Mißfallen der Stasi erregten.

Am 20. 12. 1970 lautet die Endbeurteilung durch die IMS „Sperber", „Lange" und „Meier": „Hetze gegen die sozialistische Staats- und Gesellschaftsordnung."

Die zweite Phase eröffnet IM „Fültner" mit einem neuen Bericht vom 11. 5. 1971 über die Situation in Schirgiswalde: „Von 70 Schülern der Goethe-Schule gehen nur 9 zur Jugendweihe." Er schlägt vor: Spitzel „Perri" soll durch Gerüst-Ausleihe Kontakt mit mir suchen und mich ausspionieren. (Durch die Angabe von der Gerüst-Ausleihe konnte ich „Perri" eindeutig identifizieren. Er war –

auch in seinem Bericht – völlig harmlos und hat mich überhaupt nicht belastet.)

In einem Schreiben vom 14. 6. 1971 heißt es wieder: „Sch. betreibt Hetze gegen den Staat. Gefordert wird jetzt die Beobachtung der Jugend durch IMS „NN".

Anschließend findet sich aber bis Mai 1973 kein Aktenbericht. Vielleicht hat IMS „NN" versagt.

Mit dem 30. 5. 1973 wird erneut „verstärkter Einsatz gegen Sch." durch „Sperber" und „Max" befohlen. Er wird offenbar sorgfältig vorbereitet. Am 24. 7. 1973 erhalte ich einen Anruf von der Polizei in Schirgiswalde: „Herr Pfarrer, die Deutsche Volkspolizei möchte Ihnen zum 60. Geburtstag gratulieren."

Es kommen die beiden Volkspolizisten Giese und Lange, gewiß als beauftragte Spitzel, trinkfeste Burschen. Sie prosten mir zu und sind nicht wieder aus dem Haus zu bekommen. Für die Stasi verwertbare Informationen haben sie aber dabei nicht erhalten.

Dieser Geburtstagsbesuch diente wohl auch dem Auftrag an den Polizisten Lange sowie die IMB „Fültner" und „Max", einen genaueren Bericht über meine KZ-Vergangenheit zu erstellen.

Im August 1973 ergeht dann ein Spezial-Auftrag an einen IBM, meinen Fall intensiv zu bearbeiten. (IBM bedeutet Ermittler „zur unmittelbaren Bearbeitung im Verdacht der Feindtätigkeit stehender Personen.")

Am 21. 3. 1974 erfolgt durch ihn die abschließende Analyse: Sch. betreibt „politisch-ideologische Diversion". Er hat „keine richtigen Folgen aus der KZ-Zeit" gezogen. Ein Schreiben vom 18. 4. 1974 bringt dann aber die überraschende Empfehlung, „keine strafrechtliche Verfolgung gegen Sch. einzuleiten". Dagegen soll Bischof Schaffran informiert werden, daß Sch. „das Verhältnis zwischen Staat und Kirche durch sein Verhalten schwer belastet".

Im Abschlußbericht der Stasi – Dienststelle Bautzen – vom 19. 4. 1974 heißt es: „Das Verfahren wegen staatsfeindlicher Hetze § 106 StGB wird eingestellt." Von diesem ausführlichen Abschlußbericht hat mir die Gauck-Behörde eine Kopie zur Verfügung gestellt.

Man kann über die Gründe spekulieren, welche die Stasi nach einer so langen Vorbereitung veranlaßte, den geplanten Strafprozeß gegen mich plötzlich doch nicht durchzuführen. Die Kehrtwende hängt gewiß mit dem in diesen Jahren angestrebten Ziel staatlicher Kirchenpolitik zusammen, über den Vatikan die Loslösung der katholischen Jurisdiktionsgebiete von westlichen Bistümern zu erreichen, nachdem durch die Bildung des „Bundes der evangelischen Kirchen in der DDR" 1969 die Trennung der evangelischen Landeskirchen von der EKD bereits gelungen war.

Nach Abschluß des Grundlagenvertrages mit der BRD ernannte der Papst 1973 bereits die Bischöflichen Kommissare von Erfurt, Magdeburg und Schwerin zu Apostolischen Administratoren, 1975 folgte die DDR-Reise von Erzbischof Casaroli, und 1976 wurde aus der „Berliner Ordinarienkonferenz" die „Berliner Bischofskonferenz".

Die kirchenpolitischen Kontakte der DDR vor diesen kirchlichen Schritten weckten bei der DDR-Regierung wohl Hoffnungen, die durch einen solchen Prozeß gegen einen Priester, der dazu noch ein „Antifaschist" gewesen war, nicht belastet werden sollten.

Von den durch die Decknamen getarnten Mitarbeitern der Stasi konnte ich die nichtkatholischen Informanten schon an den Formulierungen in ihren Beiträgen von den katholischen aus meiner Gemeinde gut unterscheiden.

Mit großer Dankbarkeit kann ich versichern, daß mich – nach meiner Erkenntnis – niemand aus meiner Pfarrgemeinde belastet hat.

Dienststelle Bautzen

Bautzen, den 18. 4. 1974
Thr/GL

A b s c h l u ß b e r i c h t

zur VAO Scheipers

Reg.-Nr.:   XII 237/70
Delikt: staatsfeindliche Hetze § 106
Vorlaufakte
operativ angel.:   24. 04. 1970
durch: Feldwebel Thräne
Bearbeitung durch:UFeldwebel Thräne
Für Anleitung u.   Abt. XX- BV Dresden
Kontr. verantw.:

Die politisch-operative Tätigkeit im Verantwortungsbereich ergab, daß die Stadt Schirgiswalde auf grund des Einwirkens der
katholischen Kirchenführung alf die Bevölkerung und hierbei insbesondere auf die Jugend einen Schwerpunkt bildet. Auf grund
dessen wurde im Jahre 1969 eine operativ-Vorlaufakte angelegt.
Besonders aktiv in der negativ Beeinflussung war der katholische
Pfarrer Scheipers.
Dies äußerte sich in derartigen Formen, daß katholische Jugendliche 1969 Hetzschriften fertigten und diese in den Schaukästen
der Stadt anbrachten. Diese bezogen sich auf den Abriß der Universitätskirche in Leipzig. Weiterhin konnte inoffiziell und
offiziell festgestellt werden, daß in den Kirchenschaukästen
der Stadt Schirgiswalde teils in verstärkter und teils in
offener Form gegen die Staatsführung der DDR Stellung genommen
wurde, indem Vergleiche bzw. Gegenüberstellungen mit der Zeit
des Faschismus gezogen wurden. In den Predigten brachte der
Pfarrer Scheipers Beispiele aus der Zeit des Faschismus und ver-
glich diese mit der heutigen Zeit. Er brachte zum Ausdruck,
daß das Christentum in der heutigen Zeit Opfer bringen muß.
Weiterhin war bis 1974 zu verzeichnen, daß ein ständiger Rückgang an der Teilnahme zur sozialistischen Jugendweihe jährlich
in der Stadt Schirgiswalde eintrat. Bei der Volksbefragung
zur neuen sozialistischen Verfassung der DDR trat die Stadt
Schirgiswalde als besonderer Schwerpunkt in Erscheinung, so-
daß 25 % der Einwohner der Wahlberechtigten gegen die sozialistische Verfassung stimmten, und nicht am Wahlgang teilnahmen.
Im Jahre 1970 wurden in den katholischen Jugendstunden Mein-
nungsforschungen betrieben, wo u. a. die Frage gestellt wurde:

194

"Warum glaubst du an Jesus Christus!".Daraufhin konnten acht
Möglichkeiten der Beantwortung getroffen werden.

a) Weil ich so erzogen bin.
b) Weil ich mich daran gewöhnt habe.
c) Weil ich mich von der Wahrheit überzeugt habe.
d) Weil ich die Kraft dieses Glaubens erfahren habe.
e) Weil ich kein Atheist sein will.
f) Weil die Menschen meiner Umgebung auch glauben.
g) Weil ich nicht aus der Reihe tanzen will.
h) Weil ich keinen Ärger mit meinen Eltern und Verwandten haben
   will.

Weiterhin wurde am 3. 6. 1970 im katholischen Schaukasten ein
handgemaltes Plakat ausgehängt, wo Grabsteine mit folgenden
Namen aufgeführt waren:
Voltaire, Napoleon, Hitler und Heine.
In jedem der Grabsteine war ein Zitat dieser Personen aufgeführt, wo sie sich gegen die Kriche ausgesprochen haben. In
diesem Zusammenhang war weiter geschrieben: "Hier faulen die
Leiber derer, die den Untergang der Kirche wollen.""Es sind
noch Grabstellen zu haben."
Pfarrer Scheipers beteiligte sich seit 1961 an keiner Wahl
und lehnte eine Einladung zur Einweihung der Gedenkstätte in
Sachsenhausen ab. Weiterhin brachte er zum Ausdruck, daß er
sich in der DDR als eingesperrt fühlt, da ihm im August 1970
eine Privatreise nach der VR Bulgarien zwecks Bsuch ehemaliger
Häftlinge vom KZ Dachau abgelehnt wurde.
Am 26. 7. 1970 waren wiederum Bilder im katholischen Schaukasten
ausgehängt, wo vier Jugendliche mit langen Haaren abgebildet
waren, und folgender Text geschrieben stand: "Wer Jugendlichen
ohne ihre Einwilligung ihre Haare abschneidet, begeht ein Ver-
brechen gegen die Menschlichkeit." Die Beeinflussung der katholischen Jugend wurde von seiten der katholischen Kirchenführung
weiterhin zielgerichtet fortgesetzt, indem ständig Beat-Jugend-
messen in der katholischen Pfarrkirche in Schirgiswalde statt-
fanden. So z. B. wurde ein Jazzkonzert mit Eta Cameron aus den
USA mit ihrer Gruppe veranstaltet.
Am Wahlsonntag, dem 14. 11. 1971 führte der Sch. in seiner
Predigt aus, daß sich die Welt im Untergang befindet, und die
Christenverfolgung in der UdSSR sich sehr intensiviert. Er
rief seine Gläubigen auf, nicht die Hände in den Schoß zu le-
gen und sich dem Lauf der Dinge hinzugeben. Am Wahlsonntag
selbst sollen die Christen ihrer Pflicht als solche genüge
tun, entsprechend des Ausspruches "Gott was Gott" und
"Des Kaisers was des Kaisers." ist.
Im März 1972 wurde wiederum im katholischen Schaukasten Stellung
gegen das Schwangerschaftsunterbrechungsgesetz in schriftlicher
Form genommen, wobei dieses vom Sch. grundsätzlich abgelehnt
wurde. Im Januar 1973 hing wiederum ein provokatorisches Plakat im katholischen Schaukasten, wo zum Ausdruck kam: "Was wir
beten dürfen, erfahren wir aus der Bibel, was wir beten müssen,
erfahren wir aus der Zeitung." Gleichfalls zu diesem Text waren
sämtliche Zeitungsüberschriften der sozialistischen Tagespresse

der DDR und der UdSSR angebracht. Weiterhin wurde am 18. 2. 74
inoffiziell bekannt, daß der Pfarrer Scheipers am 19. 5. 74
die Erstkommunion in Schirgiswalde durchführen wird, und damit
bestimmte Kreise von einer Wahlhandlung abhält. In einer Aus-
sprache beim Rat des Kreises Bautzen/Inneres brachte der Sch.
zum Ausdruck, daß er nicht an die Wahl gedacht habe und war
sofort bereit, ohne politische Auseinandersetzung, den Termin
von sich aus auf den 2. Pfingstfeiertag zu verlegen. Diese
Verlegung der Kommunion wurde auch im Gottesdienst am 30. 3.
und 31. 3. 1974 bekanntgegeben.
Auf grund der genannten Vorkommnisse erfolgte stets vom Rat
des Kreises Bautzen/Inneres eine dementsprechende Reaktion
mit dem Ziel der sofortigen Veränderung der selben. In den
zu allen Fällen geführten Aussprachen mit Scheipers erklärte
er, daß er sich damit nicht in Widerspruch zu den staatlichen
Organen setzen wollte und war bereit, solche von uns beanstan-
deten Aushänge kurzfristig zu entfernen. Andererseits blieb
auch nicht offen, daß er sich nach wie vor solche "kirchlichen Freiheiten" vorbehalten wolle. In diesen Aussprachen
betonte der Sch. immer wieder seine Verfolgung durch das Na-
ziregime. Es ist offensichtlich, daß Sch. daraus keine
richtigen politischen, persönlichen Schlußfolgerungen gezogen hat.
Eine generelle Änderung der persönlichen Position von Sch.
hinsichtlich unserer gesellschaftlichen Entwicklung ist nicht
zu erwarten.
Abschließend muß eingeschätzt werden, daß vorgenannter Sach-
halt nicht die strafrechtliche Relevanz des § 106 gem. StGB
rechtfertigt.
Es wird vorgeschlagen, die VAO Reg.-Nr. XII 237/70 im selb-
ständigen Referat der Abt. XII der BV Dresden zur Ablage zu
bringen.

Bestätigt:
Leiter der Kreisdienststelle

J a n k o w s k i / Major

T h r ä n e
Oberfeldwebel

196

Abschied von Schirgiswalde

Nach meinem 70. Geburtstag wollte ich in den Ruhestand gehen und ursprünglich im Bistum Dresden-Meißen bleiben. Da die Lähmung meiner Zwillingsschwester inzwischen aber weiter fortgeschritten war, entschloß ich mich, in meine Heimat überzusiedeln. Denn bei einer lebensgefährlichen Erkrankung meinerseits hätte meine Schwester nicht zu mir, und ihrerseits hätte ich nur verspätet zu ihr kommen können, da ein Antrag auf eine Besuchsreise erfahrungsgemäß zu lange hätte dauern können.

Ein großer Teil der Schirgiswalder Gemeinde überraschte mich an meinem Abreisetag mit einem mich sehr bewegenden Abschied: Nach der offiziellen Verabschiedung ließ ich mich zum Bahnhof nach Bautzen bringen und war erstaunt, daß Bahnhofshalle und Vorplatz von getreuen Gemeindemitgliedern wimmelte, die mit Autos und Motorrädern dorthin gekommen waren, um sich nochmals persönlich von mir zu verabschieden.

Aus der Abschiedsrede des
Pfarrgemeinderatsvorsitzenden Benno Töppel:

„Als sich im März 1960 die ersten Vorboten des Frühlings zeigten, hielten Sie Ihren Einzug im Pfarrhaus Schirgiswalde. Sie sind seit 1676 der 25ste Pfarrer unserer Gemeinde. Unsere Kirchenbücher beginnen leider erst mit diesem Jahr. Was vor dem liegt, ist in Dunkel gehüllt.

Ich möchte nun eine in Kurzform abgefaßte geschichtliche Abhandlung einfügen. Mit dem, was ich da zu

Verabschiedung am Bahnhof in Bautzen

sagen beabsichtige, will ich zugleich unserem künftigen Pfarrer einen ersten Blick in die romantische Vergangenheit Schirgiswaldes tun lassen.

Die letzten 10 Pfarrer, die hier am Ort amtiert haben, überbrücken eine Zeit von 210 Jahren, nämlich 1773 bis 1983. Von diesen 10 Priestern klammern wir einen aus. Das ist Jakob Wels. Er war nur ein Jahr (1860 – 1861) als Administrator hier. Und nun das bereinigte Ergebnis einer Übersicht: Die durchschnittliche Amtszeit der in diesen 209 Jahren tätig gewesenen 9 Pfarrer beträgt demnach 23 Jahre und 3 Monate.

Unser scheidender Pfarrer hat sich sehr akkurat, wie er ja immer war und noch ist, daran gehalten.

Bitte, 23 Jahre und 4 Monate ist er bei uns gewesen.

Verehrte Anwesende! Verzeihen Sie bitte, daß ich von meinem Weg abgewichen bin. Es gilt jetzt, den Lebensweg fortzusetzen und auf jenen Seiten nachzublättern, die unser scheidender Pfarrer in den 23 Jahren seines Hierseins geschrieben hat. Das Ganze ist aber so vielgestaltig und umfangreich, daß nur einiges in Erinnerung gebracht werden kann. Grundsätzlich werde ich alles, was schon im Laufe der Jahre jeweils zu seiner Zeit durch eigene Feiern gewürdigt worden ist oder bei anderen Anlässen herausgestellt wurde, schweigend übergehen. Darunter fallen allerdings auch jene Baulichkeiten, wie Kreuzkapelle und Alterspflegeheim, die seinen Namen sowie in Stein gemeißelt tragen.

Lieber Herr Pfarrer! Die Bekanntgabe Ihres Entschlusses am Weißen Sonntag, Schirgiswalde zu verlassen, löste einhellig Bedauern aus. ‚Schade!, sehr schade!, daß unser Pfarrer von uns geht', konnte man immer wieder hören. Doch ein schönes Zeichen für Sie! Eines kam vor allem in jenen Tagen betont zum Ausdruck: Ein Schirgiswalde ohne Fuchsbergkapelle wäre nicht mehr denkbar. Bei voller Würdigung aller übrigen Leistungen wird diese Kapelle als Krone dessen angesehen, was Sie geschaffen haben und wofür wir Ihnen zu besonderem Dank verpflichtet sind. Es ist eines jener Bauwerke, das Ihren Namen bei uns unvergessen macht.

Die Zeit, in der Sie bei uns zu wirken begannen, waren durchaus keine Jahre, in denen das Schifflein Petri auf säuselnden Wellen dahinglitt. Denken wir zurück an das II. Vatikanum und die damit ausgelöste innerkirchliche Bewegung. Unserer barocken Pfarrkirche wegen war die damalige Situation bei uns besonders spürbar. Fast ein ganzes Jahrzehnt widmeten Sie der Lösung dieses Problems. Und das Ergebnis der durchgeführten Arbeiten ist eine Kirche, die dem gegenwärtigen Anliegen der Liturgie und Seelsorge gerecht wird.

Uns allen schlägt gerade in diesen Tagen das Herz höher, wenn wir zu unserem ehrwürdigen Gotteshaus em-

Pfr. Scheipers und sein Nachfolger in
Schirgiswalde, Pfr. Alexander Paul

porblicken. Die ‚Perle der Oberlausitz', Schirgiswalde, ist um eine kostbare Perle bereichert worden. Eine gleiche Werteinstufung verdienen auch Friedhofs-, Fuchsberg- und Waldkapelle.

Wie schmerzlich werden vor allem jene Ihren Weggang empfinden, die Ihre persönliche Hilfe und Unterstützung erfahren durften, gleich welcher Art diese auch immer gewesen sein mag. Über alles, was Sie so ganz im Verborgenen gewirkt haben, geben keine statistischen Aufzeichnungen Aufschluß."

Herr, du Licht meines Lebens,
du hast mich angerufen und begleitet
spürbar und deutlich mein Leben lang.
Dir danke ich es, wenn ich im Auf und Ab
meiner Erfahrungen, bei Freude und in Enttäuschung
immer wieder Ja gesagt habe
zu dir, der Quelle alles Guten.
Du hast mich getragen,
und in deinen Händen bin ich treu geblieben
bis auf diesen Tag.
Mit dir durfte ich standhalten
und bin nicht geflohen.
Mit dir habe ich alle Unruhe meines Innern bezwungen.
Du hast mich gehalten in deinem Erbarmen
und mir stets neu dein Wort geschenkt.
So konnte ich mein Herz erheben
über alle schweren Bedrängnisse
und über die Mühsal des Alltags
zu dir, dem Trost meiner Pilgerschaft.
Mit großer Freude und Zuversicht
schaue ich auf zu dir.
Aber ich schaue auch
zu den vielen Bedrängten und Leidenden
auf dem ganzen Erdkreis
und rufe dein Erbarmen an für sie alle.
Wenn nun die Schatten länger werden,
so laß auch die Sehnsucht wachsen
nach deinem Licht,
denn in deinem Licht schauen wir das Licht.

Fotonachweis

S. 48/49:   Redaktion Mariannhill, Köln
S. 60, 82:   Internationaler Karl-Leisner-Kreis e.V., Kleve
              Reproduktion: Christoph Stalder, Nütterden
S. 87:   „zum Beispiel Dachau",
              Arbeitsgemeinschaft zur Erforschung
              der Dachauer Zeitgeschichte e. V.